JN236127

目次 ミャンマー 東西南北・辺境の旅

南部ミャンマー ……007
ヤンゴン ……008
ヤンゴン 008
ヤンゴンからモーラミャインへ ……014
バゴー 014　　チャイティヨー 017
☼コラム：列車の旅　022
タトン 024　　パアン 026　　タマニャ山 029
モーラミャイン ……037
モーラミャイン 037　　ムドン 043　　タンビュザヤ 045　　チャイッカミ 046
サッセ 050

東部ミャンマー ……051
インレー・タウンジー ……052
ニャウンシュエ 052　　インレー湖 056　　タウンジー 064　　ピンダヤ 066
チャイントン ……067
チャイントン 067
☼コラム：飛行機での移動　075

中部ミャンマー ……077
マンダレー ……078
マンダレー 078
☼コラム：長距離バスの旅　086
マンダレーからのショートトリップ ……088
サガイン 088　　ミングン 092　　モンユワ 097
☼コラム：ミャンマーの超天然化粧品・タナカ　100
ピンウーリン（メイミョ）102　　チャウメ 107
☼コラム：飲むお茶・食べるお茶　110
バガン ……112
ニャウンウー 112　　バガン 115　　ポパ山 127　　メイッティラ 130　　タウングー 133

北部ミャンマー ……135
ミッチナー ……136
ミッチナー 136　　バモー 141
☼コラム：エーヤワディ川の船の旅　146

西部ミャンマー ……149
ガパリ ……150
ガパリ 150　　タンドウェ（サンドウェイ）156　　カンターヤ 157

●列車のタイムテーブル　158

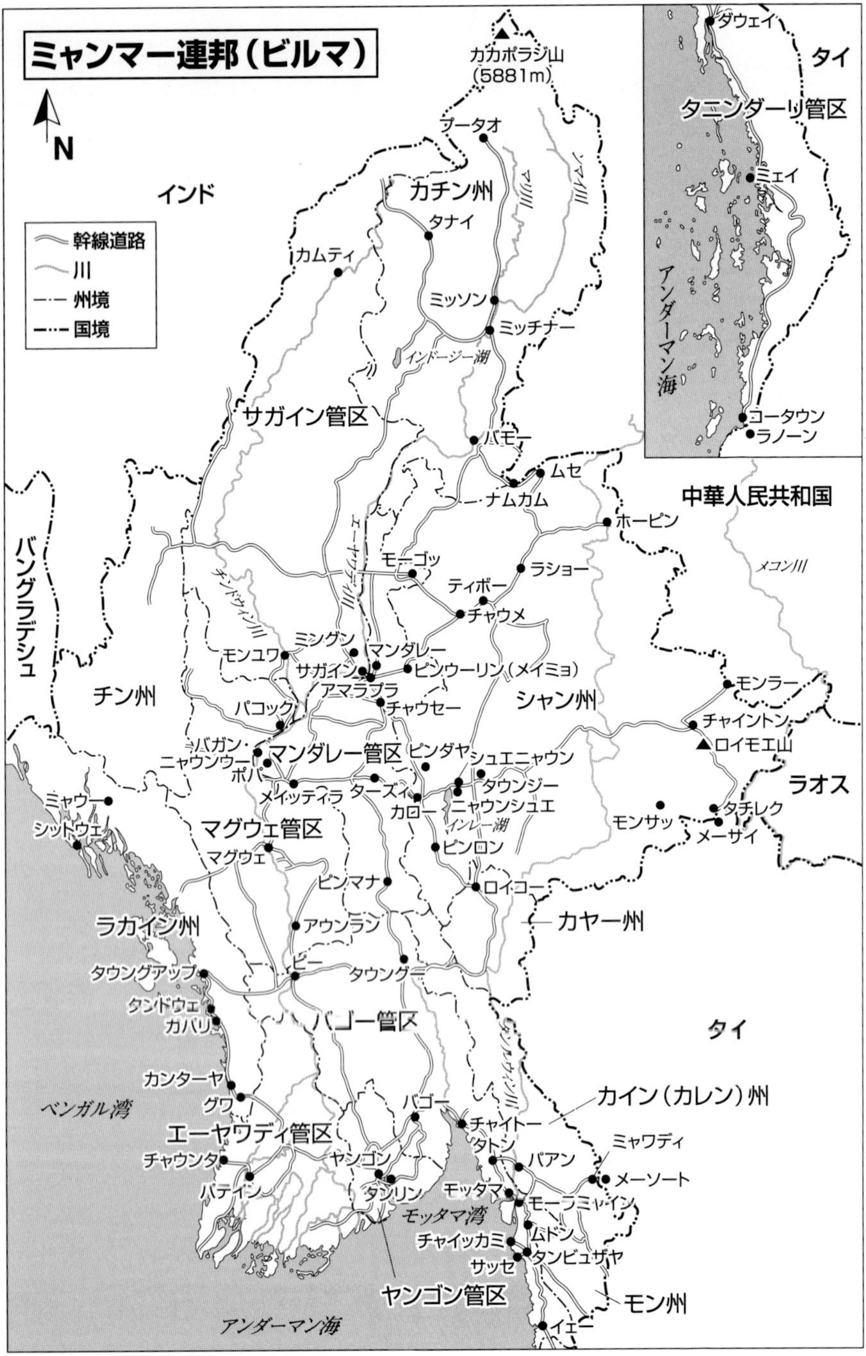
ミャンマー連邦（ビルマ）
N
幹線道路
川
州境
国境
カカボラジ山
(5881m)
プータオ
インド
カチン州
マリ川
ンマイ川
タナイ
カムティ
ミッソン
ミッチナー
インドージー湖
サガイン管区
バモー
ムセ
ナムカム
ホーピン
中華人民共和国
バングラデシュ
メコン川
モーゴッ
ラショー
ティボー
チャウメ
チンドウィン川
エーヤワディ川
ミングン
マンダレー
モンユワ
サガイン
ピンウーリン（メイミョ）
アマラプラ
チン州
シャン州
モンラー
パコック
チャウセー
チャイントン
ロイモエ山
バガン・ニャウンウー
マンダレー管区
ピンダヤ
シュエニャウン
ポパ
タウンジー
ラオス
メイッティラ
ターズィ
カロー
ニャウンシュエ
ミャウー
インレー湖
タチレク
シットウェ
マグウェ管区
モンサッ
メーサイ
マグウェ
ピンロン
ピンマナ
ロイコー
ラカイン州
アウンラン
カヤー州
タウングアップ
ピー
タウングー
タンドウェ
カパリ
バゴー管区
タイ
サルウィン川
カンターヤ
カイン（カレン）州
ベンガル湾
グワ
バゴー
チャイトー
エーヤワディ管区
ミャワディ
タトン
チャウンタ
ヤンゴン
パアン
メーソート
パテイン
タンリン
モッタマ
モーラミャイン
モッタマ湾
ムドン
チャイッカミ
タンビュザヤ
サッセ
ヤンゴン管区
モン州
アンダマン海
イェー
ダウェイ
タイ
タニンダーリ管区
ミェイ
アンダーマン海
コータウン
ラノーン

まえがき

　ミャンマーが国際観光年を迎える前年の1995年、私は初めてヤンゴンを訪れた。つれあいは、日本で出会ったミャンマー国籍の夫ゾーミン。この第2の故郷となる地で、私は素晴らしい家族や友人に恵まれ、寝食を共にするなかで、生きた習慣や文化に触れる幸運を得た。1年半後に日本に帰国、その後今に至るまでに4度ミャンマーへ赴き、その度に夫や家族、親戚、また親友の夫妻らと国中を旅行した。

　ミャンマーを旅するなら、12月、1月のころがいい。この時期は日本の秋に相当するいい季節で、熱帯モンスーンの暑さがやわらぎ、人々も嬉々としてレジャーに勤しむ。40℃近い暑さが続く3月から5月、スコールが繰り返し地面を叩く6月から10月は、観光にはけっこう辛い。

　交通は、私たちの場合、長距離にはバスか列車を利用し、都市を拠点とした周遊には車を借り切った。しかし、スケジュール通りに移動できたわけではない。日本の1.8倍の広さを持つミャンマー国内の主要な町は、いちおう飛行機、列車、バス、船で結ばれているが、バスはパンクするし、列車は理由も知らせずに勝手に停車する。フェリーでは下船時にダンプが故障し、道がふさがれて先に進めなかった。アクシデントや不自由さも楽しめる余裕がないとしんどいかもしれない。

　だが、ビザも1週間のみで、遠方の観光に許可が必要だった頃に比べると、旅はしやすくなった。現在、ビザは4週間もらえ、2週間の延長も比較的簡単にできる。とはいえ情勢不安定等の理由から、今もタイや中国との国境に近いミャワディやムセなどの観光には国の特別な許可が必要で、チャイントンなどの辺境の町は、現地で入管や警察への届け出が要る。

　そうしたわずらわしさを除けば、安心して見て歩けるという点ではミャンマーはアジア圏で随一の国だろう。友人は「ビルマ人には元来、外国からの客人を大事にする気持ちがとても強い」と言っていた。

　このようにすてきなミャンマーだが、残念ながらしっかりしたガイドブックがないので、外国人旅行者がこの国の魅力を存分に味わうのはちょっと難しい。本書では、バガンやインレー湖など世界に名だたるスポットはもちろんだが、カチン州の都ミッチナーやバモー、シャン州の宝石とも言えるチャイントンなど辺境の町の紹介にもたっぷりページを割いた。また、普通の旅行者はほとんど知らないが、古くから変わらぬ温かな人々の営みをまぢかに味わえる本当にミャンマーらしい町もいくつか取り上げた。この国の魅力の一端を味わっていただけたら幸いである。なお、文中の写真はすべて2002年に撮影したものである。

伊藤京子

```
地図の凡例
H  ホテル            卍  寺院・僧院         ⚓  船着場
G  ゲストハウス        ☪  モスク            ℹ  ツーリストオフィス
R  レストラン          ✝  教会             🏛  博物館
C  喫茶店             ➕  病院             🎬  映画館
S  商店              ✉  郵便局            IWT＝Inland Water Trans-
$  両替・銀行         🚌  バスターミナル       port(船の切符売り場)
```

◆通貨について
　ミャンマーの通貨はチャット（kyat　本書ではKで記載）。外国人は入国の際、空港で200USドルを外貨兌換券200FEC＝Foreingner Exchange Certificate（1FEC＝1USドル）に両替することが義務づけられている。空港以外で両替をする場合、公定レート1USドル＝6Kと市場レート1USドル＝850K（2002年5月現在）の2つがある。旅行者はホテルなどで両替するのが一般的で、その際は市場レートが用いられる。レートが一番いいのはヤンゴンで、反対によくないのはインレー湖やバガンなど観光地や田舎町。遠方に旅行に行く時はヤンゴンやマンダレーで両替していくのがいいだろう。ホテルの料金などは、USドルで支払えることもあるが、FECでなければならないところもある。飲食の支払いなどはほとんど現地通貨なので、滞在中はチャット、USドル、FECの3種類の通貨の携帯が必要になる。

◆国名・地名の表記について
　軍事政権は1989年6月に、ビルマ語での国称「ピダウンズ・ミャンマー・ナイガン」はそのままに、対外的英語の国称を「ユニオン・オブ・バーマ」から「ユニオン・オブ・ミャンマー」に変更。それ以来、どちらで呼ぶかで現政権への賛否を問われるような状態が続いている。日本の外務省は、その変更を受けて、日本語の正式呼称を「ビルマ連邦」から「ミャンマー連邦」へと変更した。
　もともと英語の「バーマ　Burma」の元となったビルマ語の"バマー"と"ミャンマー"は、語源的には同じだと言われ、バマーは口語的、ミャンマーは文的表現として、現地の人々は自然に使い分けている。ただ国名の場合には口語、文語ともに"ミャンマー"と言うことが多く、英語国称も「ミャンマー」のほうがいいと感じる国民は少なくない。
　本書では、タイトルや文中で「ミャンマー」を使っているが、民族名の「ビルマ人」など、慣用的に定着している言葉はそのまま使用している。また国名変更に合わせて、植民地時代からの英語の地名変更も行なわれ、日本語の慣用的な呼称に多少ずれが出てきたので、その一部を記しておく。本書では現地でより一般的に使われている地名を使用した。

改正前	改正後	改正前	改正後
ラングーン	ヤンゴン	ペグー	バゴー
マルタバン	モッタマ	アラカン州	ラカイン州
メイミョ	ピンウーリン	カレン州	カイン州
モールメイン	モーラミャイン	イラワジ川	エーヤワディ川
パガン	バガン	サルウィン川	タンルウィン川

　地名の英語表記は一般的にビルマ語に忠実だが、日本人にはどう読んだらいいのかわからないものもある。そうした場合にはビルマ語発音に近いカタカナ表記を付記しておいた。
（例）Kyaiktiyo→チャイティヨー

◆管区・州について
　ミャンマー国内は7つの管区Divisionと7つの州Stateに分けられている。管区は、居住者の多くがビルマ族のエリアでその核となる都市の名がつけられており、州はビルマ族以外の民族の居住区で、その地域に住む主な民族の名を冠している。

南部ミャンマー

自分の生まれた曜日の像に水をかける参拝者。シュエダゴン・パゴダ境内にて。

中華街の一角で煮えたぎる油の鍋を置いて客を集めているのは豚のモツ屋。人気のある屋台だ。串刺しにされたモツを客が好きに選んで、自分で油に漬けて揚げ、香辛料につけて食べる。

ヤンゴン

■ヤンゴン　Yangon／Yangon Division（ヤンゴン管区）

　1995年、ミャンマーの玄関口であるヤンゴンのミンガラードン国際空港に初めて降りた時は、手書きでの入国手続きに長い行列ができ、個室に呼ばれてFEC（外貨兌換券）へ両替を強要された。

　今、入国審査は相変わずのろのろしているが、空港ビルは新しくなって、明るい両替カウンターもできた。待合室には地図や旅情報をくれるデスクも増えた。しかし、旅行者と出迎え客、荷物持ちの男らでごった返すフロアには前と同じように、熱帯の重たく流れる風と、人の汗や髪の毛の匂い、葉巻きやニンニクくさい口臭が入り交じった空気が充満している。ここに立つと、ミャンマーに来たことを全身で実感する。

　空港から市街までは約12km、タクシーで30分ほど。料金は空港のMyanmar Travel & Tours（以下MTT）で頼むと約5FEC。自分で探すなら2〜3FECを目安に。空港のタクシーはだいたい英語が通じる。

スーレ・パゴダを中心に東西に伸びるマハバンドゥラ通りは、ダウンタウンでもっとも渋滞が激しい。スーレから西には中華街、インド人街が広がり、歩道には衣食、家電の露店がびっしり。

ヤンゴン　Yangon／Yangon Division

スーレ・パゴダからヤンゴン中央駅へと伸びるスーレ・パゴダ通り。商業ビル、中級ホテルなど高層ビルが建ち、免税店やカフェ、映画館が並ぶ。開発中のヤンゴンの一面を見られる。

　この町のハイライトはなんといってもシュエダゴン・パゴダだろう。この仏塔は、ある商人の兄弟がインドで仏陀からもらった8本の聖髪を、紀元前585年にここに奉納したのがはじまりと伝わる。高さ約100mの黄金の大仏舎利塔は、仏像を納めた60もの小さな祠でぐるりと囲まれている。
　境内には、瞑想にふける人がいたり、人生の節目に際し願をかけたりする人がいたりと、祈りの形はさまざま。私もヤンゴンに行くたびに何度となく足を運んだ。ある時、出国を望んでいたビルマ人の友人は「この仏像は、旅行関係に強いの。ビザがもらえますように」と目立たない小さな仏像に線香をあげた。ほかにも、指の先から水が垂れる像や、飲むと悪霊から身を守れるという仏足石の聖水など、いわくつきの像や物がごまんとある。じっくり見たら1日では到底足りない。
　ヤンゴンの見どころはほかにも多い。数々のパゴダのほか、まさに人種のるつぼともいえる混沌としたインド人街や中華街、イギリス植民地時代の洋館が連なる官庁街やストランド通り、真夏でも涼しい風に遊べるカンドジ湖やインヤ湖…。こうした市内の観光にはタクシーがおすす

宝石、彫刻、漆器などの土産品から雑貨まで揃う百貨店的存在ボージョーアウンサン・マーケット。ロンジーの生地の店には女性の姿が絶えない。だがここは他の市場よりかなり高い。

めだ。1時間1500Kが目安。利用の際はタクシーのドアに書かれた車体番号をメモしておく（ふりだけでもいい）と、運転手にプレッシャーを与えることができ、トラブルが起きにくいと聞いた。

　さて、昔はダゴンという小さな港町だったこの町。1755年にこの地を占領したビルマ族のアラウンパヤー王が、平和を願って「戦いの終わり」という意味でヤンゴンと名付けたのだそうだ。だが残念ながらその願いは叶わず、英緬戦争で1886年にビルマはイギリス領インド帝国に合併された。きっちりとした碁盤の目の区画、ビクトリア風の優美なコロニアル建築が並ぶ大通り、町を彩る緑の並木。こうした風景は、イギリス人が作り上げたもので、今も植民地時代の面影を強く漂わせている。

　だがそこを行き交うのは衣擦れの音の涼しいロンジーをまとった人たち。町の真ん中には、経済発展とともに急増した車の排気ガスを吹きかけられながらも、2000余年もの間、町を見守ってきたスーレ・パゴダがひときわ輝いて建っている。境内では、紀元前から、仏陀の教えに連綿と帰依してきた人々が、目を閉じて永遠の安らぎを願っている。

ヤンゴン中心部

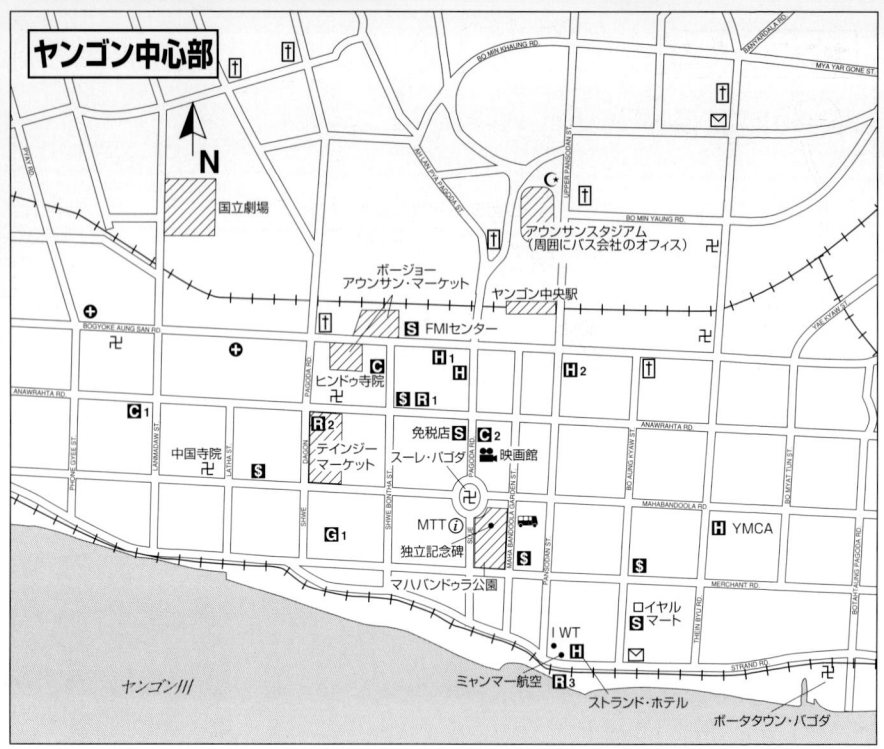

- **H**1 Central Hotel　50FEC〜　　**H**2 Panorama Hotel　20 FEC〜　　**G**1 White House 10 FEC〜
- **R**1 New Dellインド　**R**2 Moe Byan鍋　**R**3 Harbour Point中華　**C**1 Shwe Pu Zunコールドデザート、ケーキ　**C**2 Aroma Cafe

---

◆日本からのアクセス

飛行機：現在のところ東京──ヤンゴンの直行便就航はなく、第三国経由で入国するしかない。ヤンゴンとの間に便があるのはバンコク、クアラルンプール、シンガポール、台北、昆明、香港、ダッカなどの都市だが、目的地がミャンマーだけなら、便数が多いバンコク経由がもっとも利用されているルートだ。

◆主なヤンゴン発着フライト（データは2002年7月現在）

●バンコクBKK──ヤンゴンRGN

・タイ国際航空　毎日　TG303 BKK 8：15−RGN 9：05／TG304 RGN10：05−BKK11：50
　　　　　　　　毎日　TG305 BKK18：00−RGN18：50／TG306 RGN19：50−BKK21：35
・ミャンマー国際航空　毎日 UB221 RGN16：30−BKK18：10／UB222 BKK19：05　RGN19：45
　　　　　　　　　　　火土 UB225 RGN 7：30−BKK 9：10／UB226 BKK10：05−RGN10：45

●ダッカDAC──ヤンゴンRGN

・ビーマン・バングラデシュ航空　日 BG060　DAC11：30−RGN13：30／RGN18：55−DAC20：00

●シンガポールSIN──ヤンゴンRGN

・シルクエア　月火木土日 MI516 SIN10：25−RGN11：45／MI515 RGN12：50−SIN17：10
　　　　　　　水金　　　 MI518 SIN15：20−RGN16：40／MI517 RGN17：40−SIN22：00
・ミャンマー国際航空　月水金 UB231 RGN 8：00−SIN12：20／UB232 SIN13：35−RGN14：55

●クアラルンプールKUL──ヤンゴンRGN

・マレーシア航空　火金 MH740 KUL10：05−RGN11：15／MH741 RGN12：15−KUL16：25
・ミャンマー国際航空　木日 UB233 RGN 8：00−KUL12：00／UB234 KUL13：00−RGN14：00

ヤンゴン広域

↑マンダレー・バゴーへ
N

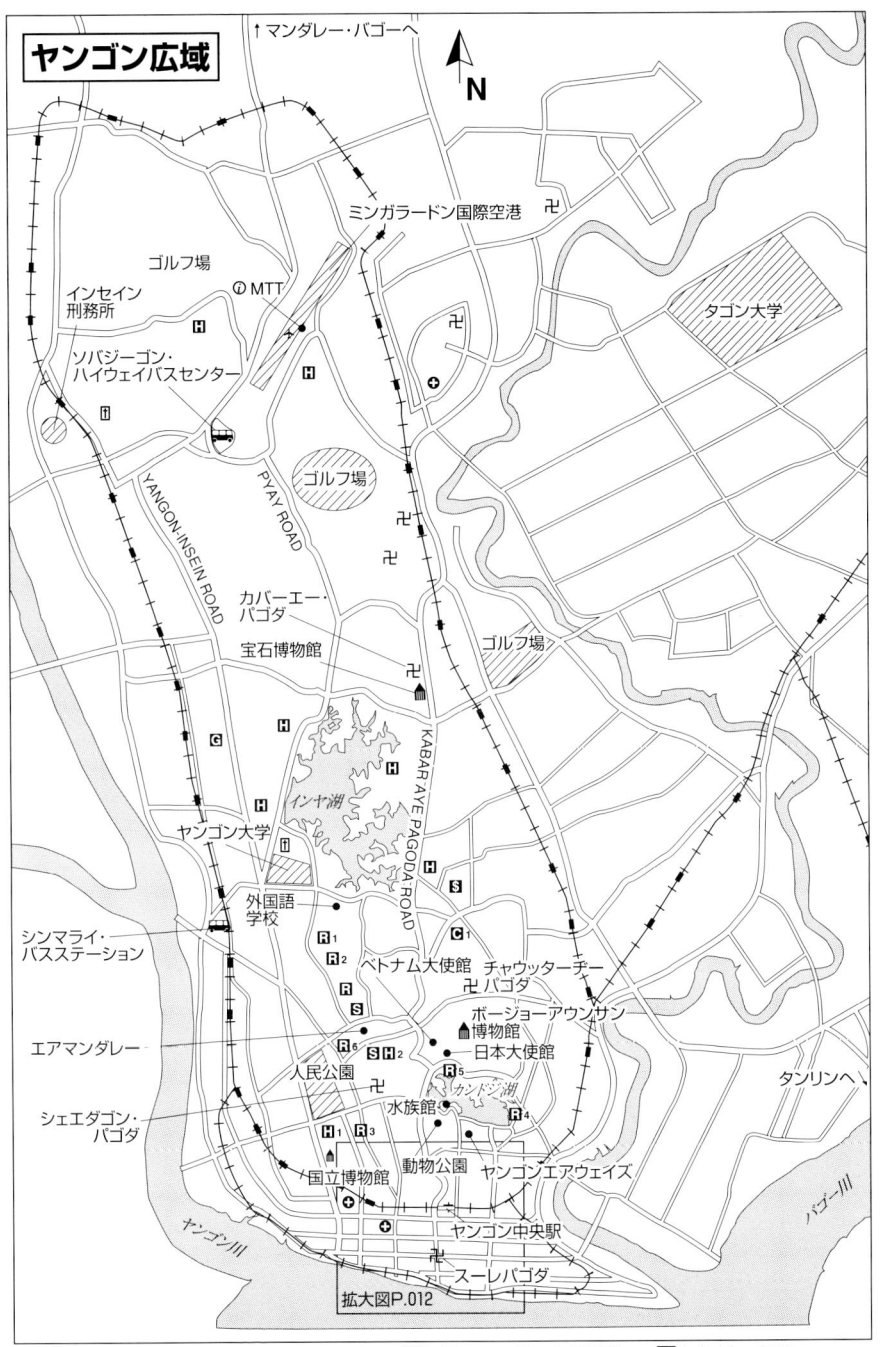

ミンガラードン国際空港
ゴルフ場
インセイン刑務所
MTT
ソバジーゴン・ハイウェイバスセンター
PYAY ROAD
ゴルフ場
タゴン大学
カバーエー・パゴダ
宝石博物館
KABAR AYE PAGODA ROAD
ゴルフ場
YANGON-INSEIN ROAD
インヤ湖
ヤンゴン大学
外国語学校
シンマライ・バスステーション
ベトナム大使館
チャウッターチーパゴダ
ボージョーアウンサン博物館
日本大使館
エアマンダレー
人民公園
カンドジ湖
シェエダゴン・パゴダ
水族館
動物公園
ヤンゴンエアウェイズ
タンリンへ
国立博物館
ヤンゴン中央駅
ヤンゴン川
スーレパゴダ
バゴー川
拡大図P.012

H1 Summit Park View Hotel 70FEC〜 **H**2 Yuzana Hotel 40FEC〜 **R**1 Golden Dishesビルマ **R**2 Green Elephantビルマ **R**3 Oriental House飲茶 **R**4 Royal Garden中華 **R**5 Shan Kanシャン **R**6 Hla(shwe ba)ビルマ **C**1 Fresh Burgerハンバーガー

英国植民地時代、密林に埋もれていたのを発見されたシュエターリャウン寝釈迦仏Shwethalyaung Budda、全長55m。その台座には仏伝の装飾が施され、きらびやかだ。拝観料2FEC。

ヤンゴンからモーラミャインへ

■バゴー　Bago／Bago Division（バゴー管区）

昔この地に、タトンからモン族（ミャンマー南部を中心に古くからいた主要民族の1つ）の王子らがやってきたのは6世紀のこと。王子らはある日、湖上の島に降り立つ鳥を見る。それは雄白鳥（ダチョウという説も）の背の上に雌の白鳥が乗って立つ姿だった。当時、白鳥は神鳥ヒンダーと呼ばれ、モン族の間で崇拝されていたので、それを見たのは吉兆だと確信し「ハンターワディ（神鳥の王国）」という町を築いた。西欧人がペグー王朝と呼んだこの国は、1287年からビルマ族のタウングー王朝に征服される1539年までおよそ2世紀半、大いに繁栄した。

　バゴーの目玉となっているシュエターリャウン寝釈迦仏や、シュエモードー、チャイプーンなど有名なパゴダは、ほとんどこのペグー王朝期に建てられている。この国最後の王朝が置かれたマンダレーは、よく日本の古都京都にたとえられるが、バゴーは、かつて王朝が栄え、社寺史

高さ30mの柱に4体の座り仏が背中合わせになっているチャイプーン・パゴダKyaik Pun Paya。
建造に関わったモン族女性4人のうち1人が結婚したら仏像1体が壊れたという伝説も。

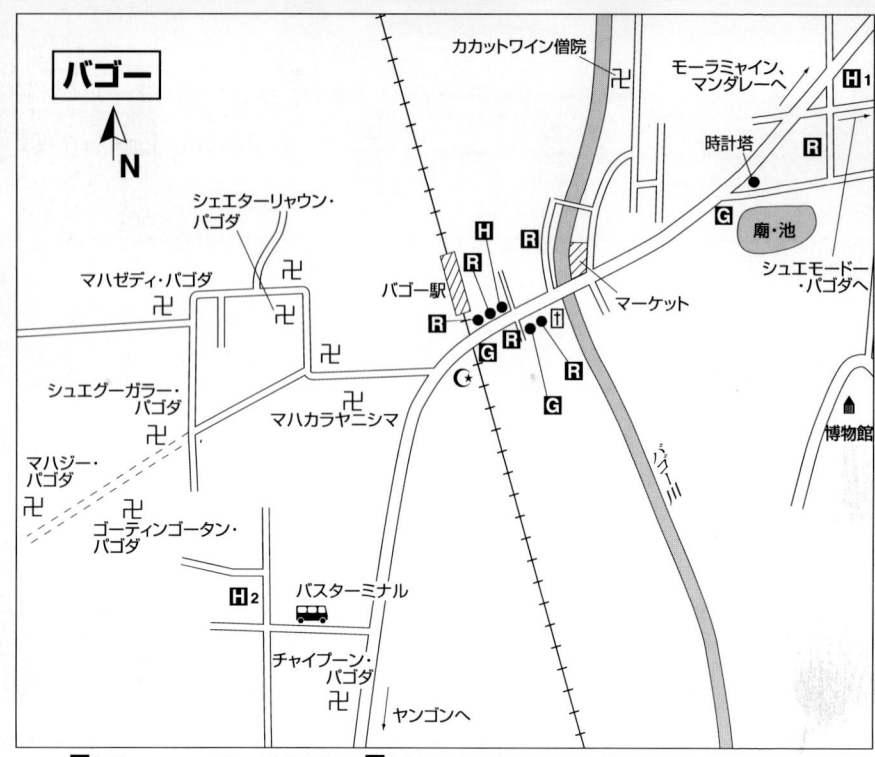

H1 Shwewatun Hotel 24FEC〜　H2 Shwe See Selm Motel 24FEC〜

跡が多く、首都圏からの日帰り観光が可能な鎌倉といった感じだろうか。

　ヤンゴンからバゴーは、バスや列車で2時間前後。1日で行って見てこられる。海外からの旅行者だけでなく、ヤンゴン市民の小旅行の人気スポットでもある。市内観光には、見どころを把握していて、小回りのきくサイカー（自転車の横に座席をつけた乗物）が最適だ。回りたい場所と帰りの時間などを伝え、値段交渉して決まったら出発。ちなみにバゴー駅から、主要なパゴダを回るコースなら1500〜2000K。

◆アクセス
鉄道：ヤンゴン——マンダレーまたはヤンゴン——モッタマ（モーラミャイン）を結ぶ列車をバゴーで途中下車。所要時間は1時間半〜2時間。料金はordinaryで2FEC、upperで5FEC。バゴーからヤンゴンに戻る列車は遅れて到着することが多いので、ピックアップトラックでヤンゴンに戻るのが一番早い。
バス／ピックアップ：ソバジーゴン・ハイウェイバスセンターSawbwagyigon Highway Bus Centerから朝5、6時より約1時間に1本運行。所要時間は2時間前後。料金はバス会社により異なり100〜150K。マンダレーからは、14時間、1000K。ピックアップはヤンゴンのシンマライ・バスステーションHsimmalaik Bus Stationから、人数が集まり次第出発。料金は100〜200K。
タクシー：ヤンゴンからは片道15FEC前後が相場。

海抜1100m近いチャイトー山頂にあるゴールデン・ロック。道が整っていないため11月から4月までの乾季だけの観光に限られるが、それでも毎年50万人の参拝者が訪れると言われる。

■チャイティヨー　Kyaiktiyo／Mon State（モン州）

　ミャンマーで旅の話になると、日本なら「ディズニーランド行った？」というノリで、「チャイティヨー・パゴダに行った？」と聞かれる。行っていないと言えば「絶対に行きなさい。御利益があるんだから」と強く勧められる。

　チャイティヨー・パゴダは、チャイトーKyaitoという町のチャイトー山の頂上にある岩壁にずんと乗った、黄金の巨岩パゴダで、「ゴールデンロック」「ホーリーロック」とも呼ばれている。金箔で覆われきらめく巨大な岩のてっぺんに7mほどのパゴダを乗せたチャイティヨーは、ミャンマーでももっとも神聖なる巡礼地の1つであり、3度訪れると精神的、物質的に豊かでいられることが約束されるのだという。

　この岩がなぜ不思議なのかというと、岩壁からものの半分もはみだしているのに、過去の地震でも落ちず、巡礼者が数人で押してみても揺れるだけで、落ちない。これは私も目の前で確認した。「絶妙なバランスで乗っているんだね」と感心していると、「ペヤー（仏陀）の力です。この

チャイティヨー・パゴダは、ヤンゴンのシュエダゴン・パゴダ、マンダレーのマハムニ・パゴダと並んでミャンマーでもっとも重要な仏教聖地の1つ。

チャイティヨー名物は竹細工、コショウと、この「アヨー」という果物の砂糖＆トウガラシ漬け。マンゴー、スモモ、ドリアン、柑橘類など種類豊富。土産におすすめ。山麓の町キンプンで。

　パゴダに納められている仏陀の髪の毛が、落ちないようにバランスを取っているだと言われています」と少し信じがたいことを、巡礼に来た男性が真顔で説明してくれた。確かに、ある隠者が仏陀から譲り受けた聖髪を国王が坊主頭に似た岩の上にパゴダを建立し安置したという伝説が残っている。実際、仏陀の頭髪にどれだけの力があるかはわからない。でも"力があるのだ"と真摯に信じて祈るたくさんの人々の心が、目に見えない、それこそ奇跡を起こすほどの力を生み出しているのではと、考えることはできる。

　黄金のパゴダを抱く山頂エリアは大理石が敷きつめられた広場になっている。パゴダには囲いがされてあり、男性だけが入場を許される。見ていると、囲いの入口まで揃ってやってきた夫婦は、そこで分かれ、夫は岩に近づいて金箔を貼り、御利益を体に吸収しようというかのように岩に手のひらを当てた。その後3度額を床に押し付け、祈っていた。夫に金箔を買って渡した妻は、囲いの外に座り、夫の姿をじっと眺めながら手をあわせ、小声で何かをつぶやいていた。後で、夫の仕事の成功や、

チャイティヨー　Kyaiktiyo／Mon State

西のパゴダを背に、山頂の広場から東側へ続く階段を下ると、食堂や土産屋、宿が左右に軒を連ねる。特におすすめの店などがあるわけではないが、祭の日の門前町のようなにぎわいがある。

男の赤ちゃんを授かること、老母の病気が治るのを願ったのだと教えてくれた。

　大理石の広場は、夜は来訪者が眠る場所となる。昼間からゴザを敷き、お弁当を広げている家族もいる。昼寝しながら場所取りをしている人も。12月の山頂の涼しい風を受けながら、遊歩する人たちはみんな表情が明るい。チャイティヨーは神聖な場所であると同時に、最高の行楽地でもある。特に蒸し暑いヤンゴンやマンダレーからチャイティヨーに行くといえば、真夏の頃に熱帯化した都心から緑がさわやかな上高地や立山などに行く、といった感じなのだ。

　ミャンマーの人たちは旅行に出る時、友人親戚が連れ立って行くことが多い。ヤンゴン──チャイティヨーの5時間ほどの距離なら、運転手つきの車を貸し切って1日6000〜7000K。

　チャイトー山の麓キンプンKinpunから山頂へは、10kmの山道を歩いて登るのがもっとも功徳のあるそうだが、それでは登るだけで半日かかる。中腹までトラックで上がって、そこから約1時間歩いて登れば、全行程車で行くよりは（功徳の面で）多少いいそうである。山を登るといったレジャーのないミャンマーの人たちは、この登山をとても楽しむ。竹が生い茂る道を歩き、おしゃべりをして、休んでお菓子をつまみ、また歩く。そうしているうちに功徳が積めるわけだから、チャイティヨーは魅力的なわけである。

◆アクセス
鉄道：ヤンゴン──モッタマ、バゴー──モッタマ行きの列車に乗りチャイトーで下車。upperは9FEC、ordinaryは4FEC。駅前からチャイティヨーの麓キンプンまではピックアップなどを利用。
バス／ピックアップ：ヤンゴンのソバジーゴン・ハイウェイバスセンターからチャイトー直行のバスが運行。5時間。エアコン付きミニバスはヤンゴンのシンマライ・バスステーションから300K、バゴー発なら250K。
チャイトー山頂まで：キンプンのバス乗り場から頂上行きのトラックが順次出発。300K前後。外国人だとミャンマー人よりも高い料金を要求されることも。中腹のヤテタウンYathe Taungから山頂は、道が狭いので、対向車との待ち合わせで1時間前後待たされることもある。この山頂までの区間は外国人には危険だから、と乗車拒否されることもある。
　確かに道はかなり怖い。トラック1台やっとの道幅のうえ急坂。上りはまだしも下りは恐怖を感じる。ひどく飛ばす運転手にあたった時は麓に着くまで気が休まらない。トラックの荷台にギュウギュウ詰めで座るので、荷台から落ちる心配はないが、前後左右にと激しく揺られる。あれほど怖い乗り物に乗ったのは生まれて初めてだった。しかし同行した叔母は「大丈夫よ、事故はないわ。神様のもとを走っているトラックだから」と平然としていた。これまで車が落ちたなどという話は聞いたことがないとか。ともあれ、2002年にチャイティヨーを訪れた時は、運転手がよかったのか、あの時ほどの恐怖はなかった。
　トラックに乗らなければ、山頂まで徒歩で。ヤテタウンからは徒歩で小1時間だが、脚力に自信のない人たちのために人力籠もある。女性や子供たちが利用している。外国人旅行者の利用料金は101FEC前後。
チャイティヨー入山料：6FEC

✿列車の旅（タイムテーブルは158ページ）

　列車の旅は、どの国にあっても旅情をかきたてられるもので、ミャンマーも車窓の風景を楽しんだり、車内で飲んだり食べたり、また停車駅での物売りとのやり取りも、やはり捨てがたい魅力だ。だが、正直言って、これが一番のおすすめの交通手段とは言いがたい。

　列車での旅行に関して、ヤンゴンのサイトラベルの太田氏は、「ミャンマーで使われている列車は、とにかく車体が古く、整備も万全とは言えない状態で、脱線事故なども少なくありません。速く走ると脱線する危険があるので、慎重に走る。だから運転速度が非常に遅いんですよね…」と言う。だがもし利用するなら「ヤンゴン──マンダレー間なら整備もまあまあなので、まず問題はないでしょう。あとは有名なゴチック橋があるマンダレー──ラショー間ぐらいでしょうか」とも。確かにヤンゴン──マンダレー間は本数も多く、席も取りやすいが、揺れが激しく、恐ろしくのろい。推定所要時間14時間だが20時間以上かかることは珍しくない。「時刻表はありますが、ほとんど当てになりません。知人は22時間かかって着きましたよ（笑）」と太田氏。

　外国人旅行者の座席はたいていupperかfirst。エアコン付きという名目の列車もあるが、涼しいことは稀で、乗客もみな窓を開けるのでバサバサ風にあおられながら過ごすことになる。また、upperのシートはリクライニングだが、どれもガクガクして安眠は難しい。だが今回の旅では、スリーピングピローの貸し出しがあったり、洗面台設備があったり、少しずつ快適になっているのも確か。一応車内サービスなどもあるのでいい気分でビールを頼んだ。だが、あまりの揺れになかなかコップに口をつけられず、苦労して飲んだのが笑い話になっている。

　運転速度の遅さに加えて、外国人に対して高い料金設定をしているところも難点。ヤンゴン──マンダレー間はバスなら約2000K（約280円）に対し、鉄道は30FEC（約3600円）と十数倍なのである。

　鉄道はミャンマー国鉄が運営するほか、民間会社ダゴン・マンが運行。マンダレー──ミッチナー間には国鉄と2つの私鉄が運行している。乗車券は駅やMTTで前日から購入可。ヤンゴン中央駅では外国人専用窓口がある。切符を購入する際にはパスポートを忘れずに。

◆ツーリストサービス・インフォメーション ❶ ～旅の相談E-メールでOK
Sai Travel Service Co.,Ltd. Room #228-230 Summit Parkview Hotel, 350, Ahlone Road Dagon, Yangon ☎ 95-1-227981　E-mail: sai@mptmail.net.mm

ナゲットは駅の窓口かMTTで購入。駅で購入する際には、パスポートを提示するよう求められる。当日券は列車の出発まぎわに発券される。

■タトン　Thaton／Mon State（モン州）

　車をチャーターしてヤンゴンを朝5時に出発してからタトンまでおよそ6時間。ヤンゴンからの陸路の旅なら、揺れの激しい車中で半日座り、かなり固くなった体をほぐすためにも、たいていこの町で休憩、兼昼食となる。タトンは、バゴーからの幹線道路がパアン方面とモーラミャイン方面とに分かれる分岐点でもあり、シュエザヤン・パゴダの対面にあるバス停留所は、大型バスやピックアップが頻繁に出入りしている。

　その中で白い布地に赤と黄色の丸模様の旗を立てているバスが目についた。聞くと「あれはタマニャ（029ページ参照）に行くバスだよ。この辺は政府と敵対しているカレン族やモン族たちがいて、参拝者たちが間違って攻撃されないようにとタマニャのお坊さんたちが目印にしたんだ。赤が太陽、黄色が月を意味している」ということだった。

　停留所の一角には、食堂が何軒も並んでいて、私たちもバス停内に車を止めて1軒の店に入った。テーブルにつくと、店員が「タタロ？」と聞く。友人らがうなずいた。「タタロ」とはビルマ語で菜食料理の意味である。「タマニャの僧侶は肉食を禁じているから、私たちが肉を食べていくとすぐ嗅ぎ分けられちゃうのよ」と友人が笑った。

　和食のランチを食べた人たちの中に、餃子や焼肉を食べた人が入っていくと、「んっ」と臭がられてしまう感じだろうか。「体を浄める意味もあって、タマニャに行く人はみんな前の日から肉を食べないの。菜食にすると功徳もあるのよ」

　店員がたくさんの小皿にいろんなおかずを載せて持ってきた。続いてたらいに山盛りのご飯をドンとテーブルに置いた。どうぞたっぷり食べてください、というわけだ。おかずは、こんにゃく煮、ニガウリ煮、豆煮、小麦粉の肉団子風、木の根のビーフジャーキーまがい、野菜スープなど。小麦粉団子はやはり味気なく、ぱさぱさしていていまいちだったが、野菜スープは素材の甘味が汁に溶け込んでいてとてもおいしかった。食べ放題で1人200K。

　いまでこそヤンゴンから南への幹線道路にある小都市で、目立った観光スポットもないタトンだが、バガン王朝が誕生する以前には、エーヤワディ河口から南東部までにかけてモン族が立てた一大王国の都が置かれていた。しかもこの土地には、仏陀が訪れてきたという話も伝えられているのだから、そうとう古くからモン族の王国はあったわけだ。事実、インドやスリランカとの交流も盛んで、東南アジアで最初に仏教を受け

タマニャ巡礼のための精進料理。多種の野菜や豆などを煮込んだ出汁の味わいを楽しめる。菜食をタマニャ行き帰りの1～2日だけでも通すと、体が浄化されるようで気持ちもいい。

入れたのがこのモン族の土地なのである。

　タトンは順調にいけば、仏陀ご降来の地、東南アジア最古の仏教伝来の地としてその名を今にとどろかせたかもしれない。だが残念ながら11世紀にバガン王朝に征服され、仏教の経典の数々とともに、王や高官、僧侶、象にいたるまで、まるごとバガンに持っていかれてしまったのが運の尽きとなった。一大観光地として人気を集める遺跡の町、バガンの繁栄の元は実はこの小さな町タトンにあるのである。

◆みどころ
シュエザヤン・パゴダShwe Zayan Paya：タトンのバス停の対面にあるパゴダ。建てられたのは5世紀ごろと考えられている。10世紀に発見された立仏陀の石碑が有名で、典型的なモン様式の彫刻が見られる。

◆アクセス
鉄道：ヤンゴン——バゴー——モッタマMottamaの便を利用。ヤンゴンから約7時間。モッタマからは2時間前後。
バス：ヤンゴンから夜行バスが運行している。20：00発、10時間、600K。チャイティーヨーからピックアップでも行ける。400～500K。

タトン　Thaton／Mon State

■パアン　Hpa-an／Kayin State（カイン州）

　タトンからカイン州の州都パアンへ向かう。道は幅3mほどの狭さになり未舗装のボコボコ状態である。パアンに近づくにつれて、低い灌木が生い茂る広大な緑の平原が広がってくる。その平野のあちらこちらに、赤茶けた岩肌をむき出しにした山がそそり立つようにいくつも隆起している。突如として、空からいくつもの王冠が落ちてきて散らかっているかのような光景だ。「石灰石がとれるんだよ、あの山」と言われてよく見ると、中には半分削られて痛々しい姿の岩山も。

　そんな光景が小1時間ほど続くと、道の前方に周囲に点在する岩山よりひときわ大きくずっしりとした存在感のある山が現れた。口を半開きにした人の横顔か、ゴジラの断面図を時計回りに90度回転させたようにも見える。これがズエガピン・ヒルZwegapin Hill、カイン族たちの聖山だ。海抜1000mの頂には黄金色に輝くパゴダが建ち、新年（太陽暦で1月頃）には各地からカイン族が集まって、盛大な祝祭が行なわれる。

　タトンからおよそ1時間、タンルウィン川（サルウィン川）にかかる橋を渡り、川岸に立つパゴダの金色の尖塔が見えたらパアンに到着である。パゴダを左手に通り過ぎ、さらに2、3分進むとマーケットや小さな商店が並ぶ中心エリアに着く。「退屈」という名前のバイクスタンドもあった。バイクタクシーは、ヤンゴンやマンダレーといった都市部ではあまり見かけないが、タイとの国境が近い町には多く、パアン周辺でも、かなり重宝されている。買い物帰りで重そうな荷物を持った女性たちを近郊の村まで送っていくといった姿も多く見かけた。

　しかし国境貿易の拠点の町としては、なんとなく勢いがない。タイ側から買い付けたもの（密輸品多し）をパアンで一度下ろし、大都市へ振り分けて運搬する集散地と聞いていた私は、多くの商人がせわしなく行き来する活気あふれる町を想像していた。確かに荷物をずっしり載せたトラックが轟音をたてて通り抜け、ピックアップバスの往来も少なくない。だがそれを除けば町自体はにぎわいがなく、時代に取り残されたようなさびしさが漂っていた。

　ちなみに国境貿易のルートは、パアンから東に、コーカレイを通りミャンマー側の国境の町ミャワディに行き、タイのメーソートに抜ける。パアンから国境までは約150kmの道のりだ。私もできるならミャワディまで行ってみたいと考えていた。だが、1948年のビルマ連邦独立以来、この国境付近はミャンマー国軍と敵対するカイン族などの武装勢力、タ

パゴダがあるパアンのタンルウィン川岸からは、対岸へ渡る小舟が行き来している。チベット高原を源にするタンルウィン川にはモーラミャインへの定期船も毎日運行している。

パアン　Hpa-an／Kayin State

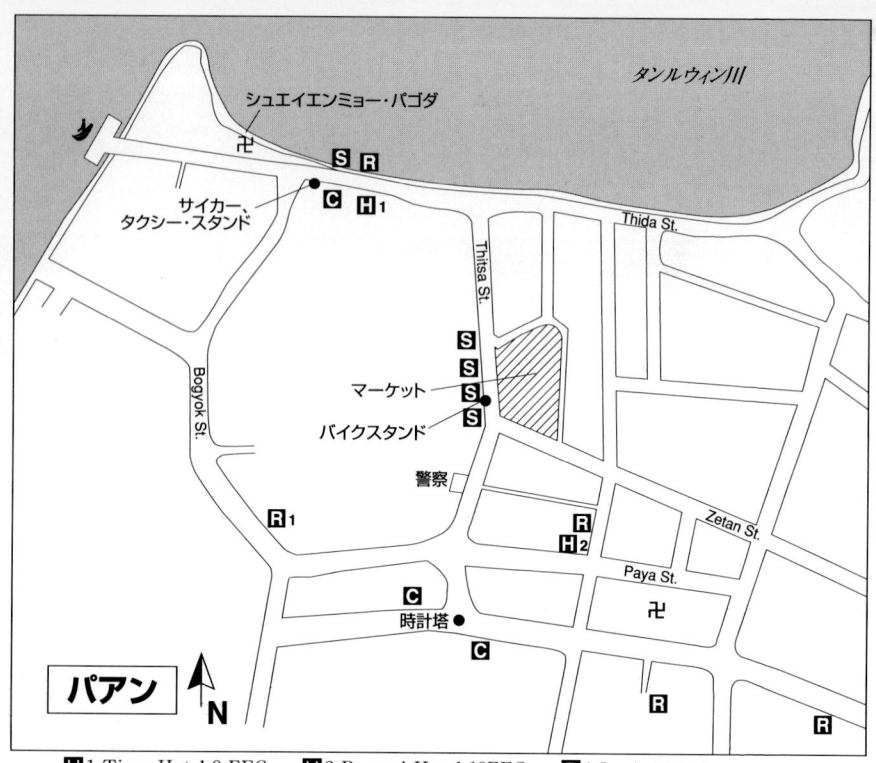

H1 Tiger Hotel 8 FEC〜　H2 Parami Hotel 18FEC〜　R1 Luckyビルマ

イ国軍、さらに武装勢力同士の対立も加わって、しばしば戦火の中心となってきた。そのためミャンマー国内側から外国人が国境付近に行くことは「危険だ」という理由で許されていない。それでも、現地の人と一緒なら行けるんじゃないかなとドライバーに打診してみたら、口をへの字に曲げ、右手でピストルの形を作って私にむけ、「怖いからダメだ」と首を横に振った。

＊ミャンマーにはミャワディのほか、ムセやプータオなど観光するのに特別に許可が必要な場所がある。もし許可を得ずに入ると、問題が起こっても適切な救助がされない可能性がある。

◆アクセス
バス／ピックアップ：ヤンゴンからの夜行バスを利用。20：00発　11時間、600K。ピックアップはチャイトー──パアンが400〜500K、タトン──パアンが約200K。
船：モーラミャインMawlamyaine──パアンをフェリーが1日2本運行。4時間。アッパーデッキ2FEC、キャビン12FEC。
＊ミャンマー側の国境の町ミャワディには、タイ側のメーソートから1日入国ができる。

説法が行なわれる講堂が建つタマニャ山麓のロータリー。ここには、タイとの国境の町ミャワディやパアンなどを往復するピックアップトラックが集まっている。

■タマニャ山　Thamanya／Kayin State（カイン州）

1995年に6年間に及ぶ軟禁状態から解かれたアウンサンスーチーさんが、まっさきにこの山を開いたタマニャ僧正を訪れたことで、タマニャ山はその名を全国的に知られるようになった。それ以来、この僧正の説法を聞こうと、日々あちこちから多くの信者がこの地を訪れる。

　タマニャ山はパアンから南東40km、車で約1時間。山麓にあるロータリーに着くと、「1泊3500Kだよ。シャワーつき！」「車1台3000Kだよ」と客引きが集まってきた。こんなことはミャンマーでは珍しい。そもそもタマニャへ来たら、普通、山の上にある境内に泊まるので、私もそれを期待していた。だが、同行したビルマ人の女友達が「境内は人が多くて、安心して眠れない」と渋る。タマニャにはゲストハウスなど宿泊施設がないので、境内でのごろ寝を敬遠する旅行者は民家の空き部屋を借りるしかない。結局1軒の民家に泊まることになった。宿泊料は車1台に対して3500K。部屋は木製のベッド2つが並んでいるだけなので角度もベッドの上。シャワー（水）、トイレは共用だった。

山麓の食堂のメニューも菜食のみ。ラーメンは一見インスタントのようだが、ニンニクやタマネギ、野菜の出汁が効いて美味。団子も入っているが、木の根っこの粉を丸めたものらしい。

　タマニャ山は参道の階段を登ることもできるが、私はロータリーからピックアップ（30K）に乗った。麓から緩やかな勾配のカーブを3つ4つ曲がれば、山頂まで4分の3ほどの所にある停留所に到着する。ここから階段を登ると、食堂、厨房、講堂（参拝者はここに泊まる）と続く。山頂には、バガンに攻められたタトンの王妃がここに逃げた際、奉納したと伝わる2基の"兄弟パゴダ"がある。

　参道では、供物や数珠、土産品が売られているが、その中でも、これでもかといわんばかりに目につくのは、タマニャ僧正のポスターやブロマイドだ。写真を持っているだけで御利益があると信じる人々が家族や友人のために僧正の写真を買って帰り、仏壇に飾る。

　夕食の後、私は7時から始まる説法の様子を見るために、ロータリーにある講堂に行った。軽い気持ちで会場に足を踏み入れ、唖然とした。バレーボールのコート2つ分ほどの広さの講堂の床に、1000人近い信者が、静かに肩を寄せあって座っていたのである。人いきれの中に、僧正の御尊顔を拝んで御利益を…と願う人々の思いが伝わってきた。

参道でタマニャ僧正の写真を選ぶ参拝者。家庭の仏壇や車のバックミラーにこの僧正の写真が飾られていることが多い。写真を持っているだけでも御利益があると信じられている。

　7時を少し過ぎるとスピーカーから「では、1列に並んで入ってください」という僧侶の声が聞こえてきた。人々は立ち上がり、講堂の隅に列を作り始めた。今日は僧正が旅疲れのため、説法は中止になり、僧正の姿を一目見るだけということになったらしい。私も列に加わった。僧正の部屋に近づくにつれ、列が乱れ、背中を押されて進むうち、「アレ？」と思った時には、肝心の部屋を通り過ぎていた。しかしチラリと見えた僧正の姿は、ベッドの端に片手をついて上半身を支えるようにして座り、うつむいて、ぐったり疲れ切っている様子だった。もう90歳を越えていそうな僧正なのだから、外国に説法に行ったり、毎日2度の説法を行なうのは骨が折れることだろう。人々の幸せのためとはいえ、私の目に焼きついた僧正の姿は、痛々しいだけだった。

　しかし、食堂で参拝者に食事を出したり、専用バスやトラックを揃えたりといった、タマニャを取り囲むさまざまな公的設備を揃える費用は、僧正を信じる信者の喜捨でまかなわれるのだから、その力は強大だ。ヤンゴンから来ていた年輩の女性が、こう話してくれた。「僧正は私利私欲

1日中休みなく訪れる人々に菜食料理を食べさせてくれる食堂。ここの料理を食べると、健康になると言われ、病気の人がここで寝起きして静養するケースも多い。

を持ちません。お布施で集まった資金は、貧しい人々や必要な人たちのために正しく使われています。僧正の説法や行ないを見れば、豊かな心さえあれば他に何も必要ないということがよくわかります。だから人々はさらに僧正を拝み、信じ、喜捨するのです」

　山麓には圧政や内戦から逃れた難民たちが暮らす村もある。貧しくて日々の暮らしに困る家族もタマニャに集まる。ここでは食事や寝床は確保され、子供たちは教育さえも受けられる。ここはまさに"仏様の懐に抱かれた地"なのである。

　私は講堂を出て町に出た。道沿いには食堂が軒を連ねているが、この町では魚・肉食や飲酒は御法度だ。争いごとや口論も許されない。タマニャから出ていけ、と信者から追い出されるだろう。僧正が暮らすタマニャ山の周囲3マイルは、ミャンマーでももっとも神聖な場所なのだ。

◆アクセス
バス／ピックアップ：タトン（2時間、200K）、パアン（1時間、200K）、モーラミャイン（1時間、200K）などからピックアップを利用。

24時間体制で調理が行われる厨房。やぎこしらの薪一氏も作るためには巨大な鍋が数百個使われ、米は1日で米俵50俵、上質のピーナツ油ドラム缶1本分が消費されるという。

10数台あるというタマニャ専用のバスやトラックは、信者からのお布施などで購入されており、僧正や僧侶の旅や、子供たちを学校に送り迎えするのに使われる。

タマニャ山　Thamanya／Kayin State

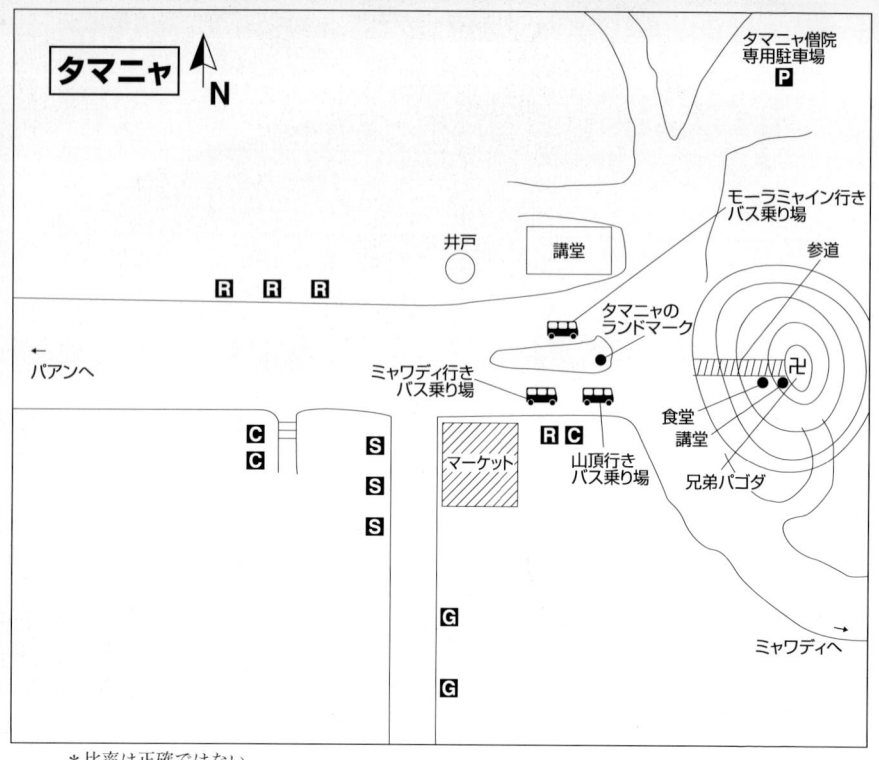

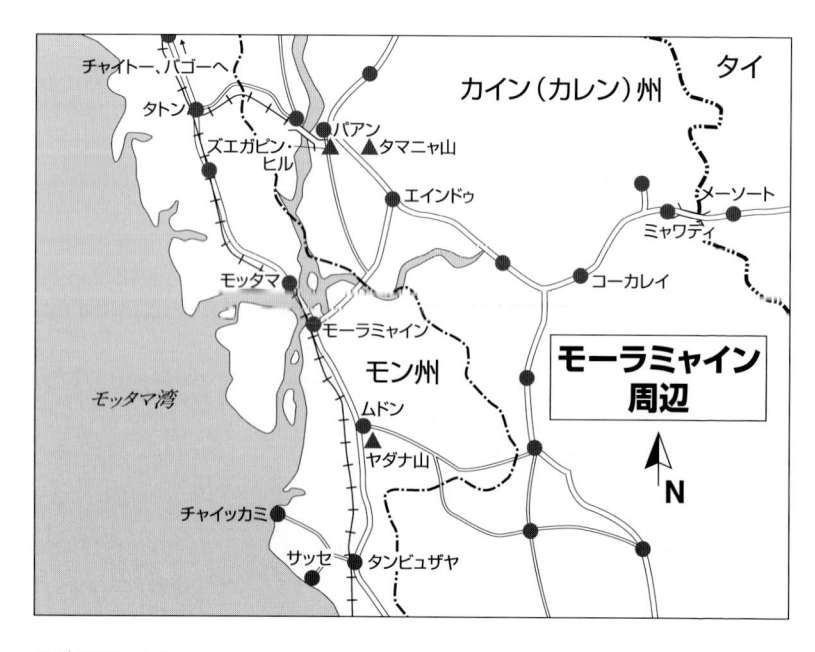

036 | 南部ミャンマー

マハムニ・パゴダの御本尊の両脇にあるナッ神像。仏教が篤く信仰されるミャンマーでもナッ神はより具体的な願いを叶えてくれる特別な存在として信じられている。

モーラミャイン

■モーラミャイン　Mawlamyine／Mon State（モン州）

かねてよりジュエゴーティという柑橘系の果物の名産地だと聞かされていたのがモーラミャインである。ここは熱帯モンスーン気候のミャンマーの中でもことに多雨地域のため、自然の産物に恵まれていて、4月5月ともなれば、肉厚の果肉をつけた香り高きドリアンもどっさりとれる。

　ジュエゴーティは、見た目は日本のザボンに似ている。いいものに当たれば、その果実には水分がたっぷり含まれ、口と喉を甘酸っぱい汁で潤してくれる。街を一回りしたら市場へ行ってみよう。

　まずは、街の東にある小高い丘へ向かった。「ビューポイント」という看板が立つ見晴らし台がある。眼下には、熱帯らしい木々がもこもこと茂る緑の中から、朱色の僧院の尖塔や、雨風にさらされ黒みを帯びた教会の屋根などが突き出している。

　この緑深い街は、西側を北から南までタンルウィン川に囲まれている。

果物の宝庫モーラミャインの市場に積み上げられたジュエゴーティ。1個300K。お求めの際は味見をしてから。買った時厚い表皮をむいてもらっておくと食べるのが楽。

　川向こう右手（北西）には、ヤンゴンとモーラミャインを結ぶ鉄道の駅モッタマのある対岸までが霞んで見える。ヤンゴンから来る場合は、そのモッタマの駅で下車し、フェリーで川を渡る。対岸までの川幅は2km。
　間もなく昼を迎えるモーラミャインの日ざしはジリジリと肌を刺す。僧院やパゴダが点在する丘の一本道を、修行僧たちが頭を袈裟で覆い、眩しさに目を細めて黙々と目の前を通り過ぎていく。私たちはその後を追うように、丘の最北にあるこの街最大のマハムニ・パゴダに行った。
　マハムニ・パゴダの本尊は、つややかに輝き、崇高な威厳を湛えている。内部の壁にはめこまれた無数のガラスのピースが、キラキラと白い光を放ち、ステンドグラスは外からの光を柔らかく彩っていた。
　丘を下り、ダウンタウンへ向かった。モーラミャインは1827年から1852年までイギリス領ビルマの首都が置かれたという歴史があり、国内最古といわれるバプティスト教会や、今は学校として使われている洋館も残っている。コロニアル風の家も少なくない。水色やピンク色のパステル調のペンキで塗られた、テラスつきの小さな一戸建てが連なる光景は、

イギリス植民地時代に労働者として連れてこられたインド人ムスリムたちが建てたモスクが点在し、祈りの時間になると正装した信者が集まってくる。

マハムニ・パゴダの御本尊の左右とその足下に象牙が対になって置かれているが、これは悪霊などから守るために結界を作るのに立てられていると聞いた。

　さながらミャンマーのサンフランシスコだ。
　フィッシャーマンズワーフならぬ、町のゼイジー（大きな市場の意）へ足を運ぶ。市場の前の通りには、三輪タクシーのトゥクトゥク（ビルマ語ではトンベイン）が幅をきかせている。タイとの交易の中で乗り物まで入ってくるのか、と思いきや、「昔はヤンゴンで使っていたんだよ。でも政府が交通の邪魔になるとか、かっこわるいからとかで禁止になってヤンゴンからはなくなった。今使われているのはここしかピー（バゴー管区西部の町）くらいかな」。後に、そのほとんどがマツダ車で、第2次世界大戦の戦後賠償として送られたものだ、という話も聞いた。
　さて、お目当てのジュエゴーティは、市場の入口付近に並ぶ屋台に山と積んであった。「おいしいよ、果汁がたっぷりたっぷりっ！」と威勢のいいインド系のおばさんが皮むき用のナイフを振り回しながら呼びかける。「絶対甘いから1つ持ってきなっ」と強引に1つ渡されて、味見しないまま買った。車を出発させてから、友人が一口食べて怒り出した。「もうっ、インド人って本当嘘つきなんだからっ！」（生っ粋のビルマ人の友

モッタマとモーラミャインを結ぶフェリーが到着する桟橋からモーラミャインのダウンタウンへ。この町の様子は10数年前のヤンゴンに似ているという。

人はインド系住民をあまり信用していない)。そう、私たちが買ったジュエゴーティはパサパサで、味もまったくないハズレだったのである。私の顔をバックミラーで窺いながら、運転手が申し訳なさそうに言った。「モーラミャインのジュエゴーティがおいしいのは本当だけど、おいしいのはさ、みんなヤンゴンに送られちゃうんだよ」

◆みどころ
チャイタンラン・パゴダKyaikthanlan Paya屋上からは、モーラミャインを一望できる。ジョージ・オーウェルの小説『象を射つ』に登場するモーラミャイン刑務所の全景も。

■アクセス
鉄道：ヤンゴン——モッタマ間を毎日2本運行。約10時間。料金はupper 17FEC、ordinaryは7FEC。モッタマで下車し、タンルウィン川Thanlwin Riverをフェリーでモーラミャインに渡る。フェリーは30分に1本の割合で出航。20〜30分5K。モーターボートなら30K。
バス／ピックアップ：ヤンゴンのソバジーゴン・ハイウェイバスセンターからバスが出ている。夜8時発で、朝6時到着予定(10時間)。800〜1000K。ピックアップはヤンゴンのシンマライ・バスステーションから出発。約500K。パアンからは1時間、200K。
船：モーラミャイン——パアンをフェリーが2本運行。4時間。アッパーデッキ2FEC、ÝĳĴŀ10ΓEC。
飛行機：ヤンゴンエアウェイズが水曜日に運行。 35分 F27 35FEC〜 F28 40FEC〜。

モーラミャイン

N

ガウンセ島

モーラミャイン・ホテル

モッタマ行きカーフェリー船着場

ダンルウィン川

North Bogyke Lan

ニューマーケット

セントラルマーケット

モッタマ行き船着場

ヤンゴンエアウェイズ

Zaymyin Lan

Htet Lan Magyi (Upper Main Road)

マーケット

パアン行き船着場

モーラミャイン刑務所

マハムニ・パゴダ

チャイタラン・パゴダ

Kyaikthan Lan

ウーカンティ・パゴダ

South Bogyoke Lan (Lower Main Road)

ビューポイント

オーロラゲストハウス

郵便局

Htet Lan Magyi (Upper Main Road)

Boho Lan

ダウェイ行き船着場

中国寺院

モン文化博物館

Dawei Jetty Road

バスステーション・空港へ

H1 Ngwe Moe Hotel 27FEC〜　**G**1 Breeze Guest House 12 FEC〜　**R**1 Daw Pu ビルマ

042 | 南部ミャンマー

■ムドン　Mudon／Mon State（モン州）

小説『ビルマの竪琴』に出てくるムドン収容所があった場所ということで名が知られるムドンだが、現在ここで目玉になっているのは、ヤダナ山Yadana Taungにある世界最大のジャイアント寝釈迦像ウィンセイントウヤWin Sein Taw Yaだ。

　モーラミャインから29km、車で約30分のところにあるので足を伸ばしてみよう。モーラミャインからタンビュザヤ方面に進むと、左手にウィンセイントウヤに続く道のゲートがある。ゲートの上には成道前の仏陀が馬の従者を引き連れて旅に出る像がのっかっていて、両脇をダチョウと守衛が固めている。ユニークなので見逃すことはないだろう。

　私が訪れた時には、くるぶしから下の部分をのぞいてほぼ全体が完成寸前で、色付け作業が進行中だった。心細いほどの竹の足組みを頼りに、民族衣装のロンジーをたくし上げた男たちが動き回っていた。像があまりにも大きいので、下から見ると働く男たちの姿は寝釈迦の顔に上るアリンコのようだった。それもそのはず、ウィンセイントウヤは完成すれば全長約160mで、ヤンゴンのチャウッターヂー・パゴダの寝釈迦70mのほぼ2倍以上、バゴーのシュエターリャウン55mの約3倍になるのだから。

　寝釈迦の中にも入ることができ、仏陀誕生の物語などがジオラマになって展開されている。この寝釈迦像のまわりにも、僧侶や釈迦の付き人など、おどけた表情の像が何体も立っているが、なんといっても目を引くのは沿道にずらっと列をなす托鉢僧侶の像だ。寝釈迦を囲むようにして500体並んでいるというが、もっとあるようにも見える。

　1体、2体…と数え、10体目にいかりや長介にそっくりの年輩僧の像が入って一区切り。とのんびり像を眺めていると、ドライバーが「もう帰ってこい」と車の窓から手を振った。戻ると「この辺は夕方になると危ないから、先を急ぎたい」と言う。ムドンから南は以前、政府と敵対するカイン族やモン族のグループからの襲撃が頻発したため、危険区域と見なされているのだ。今はもっぱらハイウエイに出没する強盗から身を守るためだそうだが、ムドンから南を目指す場合は朝8時から午後2時までに走行するのがドライバーの掟らしい。話を聞き終わり、はっとして時計を見たらもう午後4時だった。

◆アクセス
ピックアップ：モーラミャインからタンビュザヤThanbyuzayat行きで途中下車。約30分、100～200K。

ムドンの寝釈迦ウィンセイントウヤは、中にも入ることができる。最上階の6階まで行くと見晴しがよく、パゴダが散在するなだらかな丘の景観を一望できる。

町の中心からチャイッカミ方向へ約1kmのところにあるタンビュザヤ共同墓地Thanbyuzayat War Cemetary。埋葬されているのはほとんどがイギリス兵士。アメリカ、オランダの兵士らも。

■タンビュザヤ　Thanbyuzayat／Mon State（モン州）

タンビュザヤは、第2次大戦中に日本軍が敷設した泰緬鉄道の終点だった。泰緬鉄道は、タイのノーンプラドゥクとタンビュザヤを結ぶ428kmで、当時その鉄道の完成に5年かかると推定されたものを、日本軍は連合軍捕虜やアジア人の労務者を使って16ヵ月で貫通させた。映画『戦場にかける橋』で描かれているのはその一部。前人未到の山岳地帯のジャングルでの過酷な労働は凄惨を極め、マラリアやコレラも蔓延し、膨大な数の死者を出したという。市内にあるタンビュザヤ共同墓地にはその犠牲になった兵士が埋葬されている。だが、今のタンビュザヤの町に、そんな凄まじい悲劇の歴史を感じさせるものはなく、小さな静かな町で、外国人が泊まれる宿もない。町の中心には時計塔があり、北がモーラミャイン、南へ行くとイェーYe、西はチャイッカミの分岐点になっている。

◆アクヤス
ピックアップ：モーラミャイン──タンビュザヤを午前中に6本ほど運行。約2時間、150K。

■チャイッカミ　Kyaikkami／Mon State（モン州）

ヤシの葉の緑の間から、青い空と海の中に浮かぶ朱塗りの屋根の寺院が見えた。白い壁と金で縁取られた赤い屋根が並ぶ景観は、晴れた日の空によく映えて美しい。タンビュザヤから車で30分ほどで、水中寺院（イェレペヤーYele Paya）で名高いチャイッカミに着いた。陸上から寺院へと、真っ白な橋がかかっている。橋は2層になっていて、上下どちらを歩いても行けるようになっているが、満潮の時は下の道は水中に沈んでしまう。上を歩いていくと、寺院の屋根の装飾が間近に見られる。帰りに下を通って戻れば、浜辺に連なる土産屋に行くのが簡単だ。貝の帽子やネックレス、ランプシェイドなどが名物。サラダにして食べる海草なども売っている。

寺院の軒下に描かれた歴史絵によると、イェレペヤーの由来はこうだ。大昔、スリランカから11本の仏陀の聖髪と共に仏像がイカダに乗って流れ着いた。それはスリランカの彫刻家が、釈迦がその下で悟りを開いたという菩提樹を使って作った仏像だと伝えられた。彼の地から流されたのは4体で、最南のタニンダーリ管区の首都ダウェイDawei、モン州の町チャイトーKyaikto、エーヤワディ管区の首都パテインPatheinに漂着し、そしてもう1つがここに着いた。その像を安置するために建立されたのがこの寺院だ。遙かスリランカから辿り着いた像は、今は本殿にある21体の仏像の下あたりに埋められているらしく、拝むことはできない。

本殿の仏像の前には花や傘が供えられ、ろうそくに火が灯されている。祈りを捧げる人たちに混じってしばらく座っていると、ふうっと肩の力が抜け、気持ちがやわらぐ心地がした。それはたちこめる香のけむりのせいか、あるいは祈る人々のオーラに包まれたせいだったか。

この町には、もう1つ、これはリアルな漂着物語がある。19世紀の初頭にアメリカ人の宣教師で言語学者でもあったアドニラム・ジャドソンが、妻と共にインドへの航海中に難破して、チャイッカミに着いた。彼らは、神の御加護と受け取ったのだろうか、ここに住み、教会を建てて布教活動を精力的に行なった。ジャドソンは1849年には初のビルマ語＝英語の辞書を完成、また聖書をビルマ語に訳した最初の人となった。

◆アクセス
ピックアップ：モーラミャイン——チャイッカミ。約3時間、150K。タンビュザヤからは、約30分、70K。

お布施のかわりにカドーという赤い傘や花を生けた壺と線香などが一式になった供え物を買い、パゴダに寄進する。家族でモーラミャインから参拝に来た女性。

チャイッカミ Kyaikkami／Mon State

チャイッカミの水中寺院。地名の"チャイ"はモン族の言葉で「仏陀」の意味。ちなみにチャイティヨーの"チャイ"も同じ。このエリアにはチャイのつく地名が多い。

チャイッカミ　Kyaikkami／Mon State

サッセの浜にあるレストラン。エビとタマネギのサラダ、鶏肉のカレー、野菜炒めなどを頼んだら、柑橘系の酸っぱさと辛みが効いたタイ料理風の味を堪能できた。店構えもどこかタイ風。

■サッセ　Sattse／Mon State

タンビュザヤからの道路を西に進むと分岐点があり、右はチャイッカミ。サッセは左で、約30分で着く。モーラミャインからこの辺一帯は、ゴムの木のプランテーションが多い。私が訪れた12月はミャンマーの秋冬にあたり、赤く色づいた葉が風に吹かれてサラサラと散るゴムの林は白樺林に似た趣きがあり、見ていて飽きることがなかった。

　この小さなリゾート地は、細い一本道に沿って海側に宿やレストラン、写真屋がポツポツとある。車は少なく牛車が幅をきかす。近年外国人旅行者が宿泊できるホテル（Sattse Beach Ngwe Moe Hotel 15FEC〜☎ 032-24703〜4）ができ、日本人も時々訪れるらしい。ホテルは朝食つきだが、夕食はないので外へ出た。ホテル内は夜10時まで自家発電で灯りがつくが、外は真っ暗。ミャンマーの旅には懐中電灯を忘れずに。

◆アクセス
ピックアップ：タンビュザヤ——サッセ　1時間弱、約200K。
タクシー：タンビュザヤから片道2000K程度。要交渉。

東部ミャンマー

朝一番にパゴダに寄贈された供物。インレー湖のパウンドウー寺院にて。

> インレー・タウンジー

■ニャウンシュエ　Nyaungshwe／Shan State（シャン州）

インレー湖に近いヘーホー空港とタウンジーを結ぶ道の中間にある町シュエニャウンShwenyaungから南へ折れると、30分足らずでニャウンシュエに至る。一面に田んぼと畑が広がるのどかな一本道のそのどん詰まりに、蜃気楼のように忽然と平べったい町が現れる。それがニャウンシュエだ。縦横に走る細いじゃり道のせいか、古い平屋の小さな家々のせいか、どこか即席っぽい町に見える。だが実際には古いパゴダも点在するし、シャン族の藩制度が成り立っていた頃（ビルマが独立する1948年以前シャン高原は世襲的な藩主が統治する藩の王国に分かれていた）には、ここにもサオ・シュエタイ藩主が治めるニャウンシュエ藩があった。碁盤の目状の区画は城下町の名残なのだろうか。ビルマ独立と同時に、この殿様はこの国の最初の大統領になった。

ニャウンシュエの町の西側にはインレー湖に続く運河がサラサラと流れる。この運河から市場へかけてのエリアが、食堂やホテル、バス停が集まる町の中心。湖上に宿をとらない限りは、ここがインレー湖めぐりの拠点となる。まず宿を決めてから、その宿でボートの手配してもらうのが手軽で安心だろう。MTT（ツーリスト・インフォメーション）でも手配できる。参考までに、Hu Pin Hotelのボートツアーは5人まで3500Kで、湖上の木造僧院ガーペー、水上マーケットで有名なイワマ村、巨大水上寺院パウンドウーの有名スポット3ヵ所を回る。

湖めぐりのあとは、どうぞ温泉へ。湖畔にはこの国では珍しい温泉インレースパInle Spaがある。ミャンマーでは、男女ともにすっぽんぽんはNG。ことに女性はタメイン（腰巻き）があるととてもよろしい。胸から下に巻きつけて入れば、現地女性の仲間入りだ。

◆アクセス
鉄道：ヤンゴンからマンダレー行の列車をターズィThaziでシュエニャウン行きに乗り換え。約8時間、upper25〜32FEC, ordinary 9 FEC。マンダレー——ターズィは3時間半upper 8 FEC, ordinary 3 FEC。ターズィ——シュエニャウンは、8〜9時間、upper 7 FEC、ordinary 3 FEC。シュエニャウンからバスまたはタクシーでニャウンシュエへ約30分。
バス／ピックアップ：ヤンゴン、マンダレー——タウンジー行きの長距離バスが運行（タウンジーへのアクセス参照、P.065）。タウンジー——ニャウンシュエはバスなどで約1時間。
飛行機：インレー湖最寄りの空港はヘーホーHeho。ヤンゴンとマンダレーから各航空会社がヘーホーへ1日1〜3便運行。所要時間は1時間15分。ヤンゴン——ヘーホーは75〜100FEC。マンダレー——ヘーホーは35〜45FEC。空港から市街まではタクシーで約1時間。

ニャウンシュエに向かう途中、ピンダヤの緩やかな勾配のある道を歩いていたパオ族。ピンダヤの町で開かれた5日に1度の市の帰りで、荷物は頭からロープをさげた背中の籠の中。

ニャウンシュエ　Nyaungshwe／Shan State

ニャウンシュエから西へ車で10分ほどのカウンディンにある天然温泉の露天風呂インレースパ。湯舟とは別にシャワー室、更衣室がある。外国人利用料は3FEC。ホテルも併設されている。

H1 Hu Pin Hotel 30FEC〜　　**H**2 Nan Da Wun Hotel 15 FEC〜　　**R**1 Hu Pin Restaurant 中華　　**R**2　Shanlandシャン　　**C**1 Thukha Cafe

インレー周辺では、水牛を使った稲作が盛んだ。田んぼでもでこぼこの道路でも大活躍の水牛に上手に相乗りする子供たち。ニャウンシュエ郊外のインレー湖沿いの道ばたで。

ニャウンシュエ　Nyaungshwe/Shan State

片足漕ぎで舟を操りながら漁をするインダー族の漁師。移動の足はモーターボートに取って代わられようとする昨今だが、漁にかけてはインダー独自の伝統の技が生きている。

■インレー湖　Inle Lake／Shan State（シャン州）

　モーターボートの爆音と共にインレー湖に向かう。5mほどの細長い舟に大人4人子供2人が縦に一列になって乗り、最後尾が操縦者。水牛が泳ぐ細い運河を、湖に向かって10分ほど進むと、ぱっと視界が開け、インレー湖が目の前に現れる。だが以前より湖面に揺れる茂みが増えたような…。「浮き草が増えて、湖が小さくなっているらしいわ。周辺の山の伐採もあって水も減っているんですって」と友人が言った。

　東西を山に囲まれた湖は南北22km、東西に約7kmと細長く、水深は3〜7m。湖底の水草を利用した浮き畑が行なわれ、小舟に乗って農作業をするインダー族の姿は、片足漕ぎの漁師と並んでインレー湖を代表する風物になっている。だが人間の営みがあれば、自然環境も変化する。このイン（＝湖）ダー（＝息子、人々）族の母なる湖も確実にその表情を変えていっている。

　入域料を払うMTT以外で、ボートツアーが必ず寄るのは、ガーペー寺院。湖畔の古びた木造寺院は、猫の曲芸だけが見ものだと思う人もいる

インレー湖上のインダー族の水上集落。乾季と雨季で水深が3m前後変化するのに対応する家屋は杭上高床式。夕暮れには水面に家屋が映ってきらめく。

ようだが、本当の見どころはバガンやインワ、シャン、チベットのさまざまな様式の仏像の数々。優雅なスタイルと浮き彫り細工の美しさが魅力だ。とはいえ私も円座で猫芸を熱心に見ていた。すると、輪を持って猫芸を促していた僧侶が「日本人は話を聞きながら『うんうん』とか『ふぅ～ん』てうなずくのでわかります」と言った。確かに。

「実は」と彼は続けた。「私と一緒に頭を丸めた友人が、旅行に来た日本人と恋に落ちて、袈裟を脱いでしまって」。僧侶と一口に言っても、すべての僧が仏の道一筋でもなく、理由（わけ）ありで僧になる人もいれば、短期間の見習い僧、新米僧とさまざま。在家と一線を画してはいても、心は普通の少年のままの僧もいる。「彼はもう結婚して日本にいる。ちょっとうらやましいな」若い僧侶に青年の顔がちらりと垣間見えた。

湖上観光のハイライト、パウンドウー寺院に向かう。水路では小舟が泥を山と積んで行き交う。湖上の浮き畑は、水草の上にこれらの湖泥を積み重ねて作られており、その上でトマトやナス、キュウリ、トウガラシなど野菜が栽培される。舟が通過すると、畑全体が波にゆらり揺れた。

ナンパン市場の船着場。移動の足は舟だけなのだから混雑しても当たり前か。舟がこれだけ密集していても、次々にやって来る船は、他を押しのけてガンガン岸辺に突っ込んでくる。

　こうした湖での農業や漁業のほか、約70あるインレー湖の集落では鍛冶屋、機織り、船造りなど村ごとに持ち場の決まった分業がされており、「インレーで手に入らないのは塩だけ」と聞いた。自給自足の暮らしが成り立つシステマティックな世界なのだ。衣食住に必要なものは、湖周辺で行なわれる5日に1度の市で売買される。この一帯では最大規模のナンパンの市には、個性的な民族衣装を来たパオ、ダヌー、インダーなどの人々が一堂に会する。山や湖の産物や骨董品、衣類、雑貨などあらゆるものが無造作に台や足下に並べられて、迫力がある。

　午後遅くにパウンドウー寺院に着いた。舟を降りれば境内なので、すぐさま草履を脱ぐ。ここは日中はモーターボートが行き交って、参道も本堂も観光客であふれる。だが夕刻には、旅行者も宿に引き上げ、のどかな静けさが漂う。湖上の人々が操る手漕ぎ舟が2隻、3隻と水上家屋の影を映し、夕焼けに色づいた水面をゆっくり滑っていく。ベニスに勝るとも劣らぬ情景で、インレーが最も美しい一瞬だ。

　こうした光景を悦に入って味わえたのは、同行の信心深いビルマ人夫

朝の買い出しのパオ族の男性。買った魚や野菜などをポンポン籠に入れていた。インレー湖畔最大のナンパン市場には観光客向けの骨董品も豊富に揃う。

シャン州南部の仏教徒の信仰を集めるパウンドウー寺院の参道。毎年10月に伝説の鳥カラウェイをかたどった御座船に御本尊を乗せて湖上に繰り出す祭りは王朝絵巻さながらの華やかさ。

信者らが僧侶のために用意した朝の食事。僧侶、信者らが全員で食卓に手を添えて軽く持ち上げる。この儀式で正式に食事が寄進されたことになり、僧侶は食べ物を口にすることができる。

婦のおかげだ。この国の人が旅する場合、宿坊で一夜を過ごすということは珍しくなく、パウンドウー寺院にもそのような旅行者は少なくない。この夫婦の希望もあって、私も一夜お世話になった。ちなみに、寺に泊めてもらう際、建て前はもちろん無料。だが、たいていは、感謝の気持ちを込めて、差はあれど最低、宿の宿泊費程度のお布施を包む。

その夜境内で、僧侶の諸々の手伝いをするインダー族の男性と顔を合わせた。インレー・タウンジーの人口の大半を占めるインダー族は、敬虔な仏教徒であり、「寺院への喜捨も盛んで、僧侶への労力奉仕もいとわない」と言う。話を聞いていたら、彼の言葉はビルマ語だが、独特な方言で、アクセントが柔らかいことに気づいた。彼らの方言はミャンマーの南部の町ダウェイの方言と似ていることから、昔ダウェイから移り住んだ人々なのではという説もある。インダー族の独特な風習も今に伝わっているようで、ゆっくり滞在できればおもしろいだろう。それから、インダーの人たちはやや薄茶色の大きな目をしていて、異国風の美男美女が多かったのも印象的だ。

「最初は低い所から少しずつ輪をくぐらせる練習をしたんです。今はホラこの通り！」と湖上の木造僧院ガーペーの僧侶が、国内外の観光客を前に名物の猫の輪くぐりを披露する。

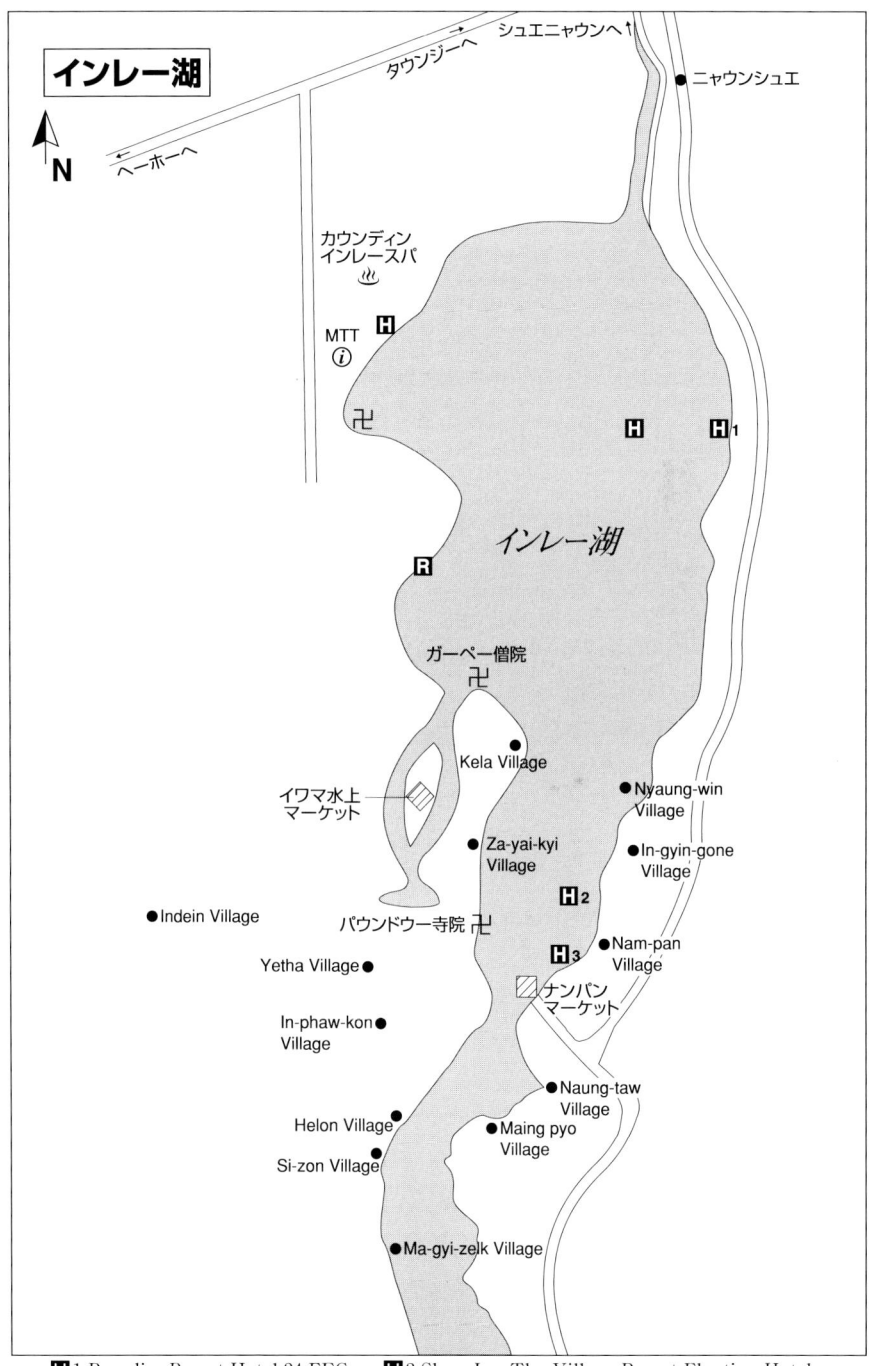

インレー湖

N

シュエニャウンへ
ダウンジーへ
ヘーホーへ
ニャウンシュエ

カウンディンインレースパ

MTT ⓘ H

卍

H1

インレー湖

R

ガーペー僧院 卍

Kela Village

イワマ水上マーケット

Nyaung-win Village

Za-yai-kyi Village

In-gyin-gone Village

H2

Indein Village

パウンドウー寺院 卍

H3

Nam-pan Village

Yetha Village

ナンパンマーケット

In-phaw-kon Village

Naung-taw Village

Helon Village

Maing pyo Village

Si-zon Village

Ma-gyi-zelk Village

H1 Paradise Resort Hotel 24 FEC〜　H2 Shwe Inn Tha Village Resort Floating Hotel
H3 Golden Island Cottage 36FEC〜

インレー湖　Inle Lake／Shan State ｜ 063

タウンジー・ホテルに隣接するシャン州の迎賓館。一般の旅行者は宿泊できないが、木立の中に瀟洒な洋館が立つこのエリアは、早朝の散策にもってこい。

■タウンジー　Taunggyi／Shan State（シャン州）

　朝霧に白く煙る森林、木立に囲まれて立つタウンジー・ホテルや迎賓館、そして小さな家々が山肌に段々に並ぶ様は、まさに高原の避暑地といった風情。タウンジーは、インレー湖の北東30km、標高1430mの高原にある。インレー湖からは車で約30分、暑季でも涼しい別天地だ。インレー湖周辺を回って、暑さで数日寝不足気味だった私は、タウンジーでは綿布団にすっぽり包まって熟睡。まさに極楽。

　一大観光地インレー湖の陰となってか、何もないといった印象が拭えないタウンジーだが、インレー湖方面から続く目ぬき通りボージョーアウンサン・ロードには、市場を中心に、大小のホテルやデパート、電化製品のショールームなどがズラズラ連なり、小規模とはいえ、繁華街の賑わいがある。州都でもあるタウンジーは、東のチャイントン、北のラショーと並んで、シャン州の国境貿易の拠点であることを思えば、驚くことでもないのだろうが。

　タウンジーのダウンタウンは大通り沿いの南北約2km余りなので、寺

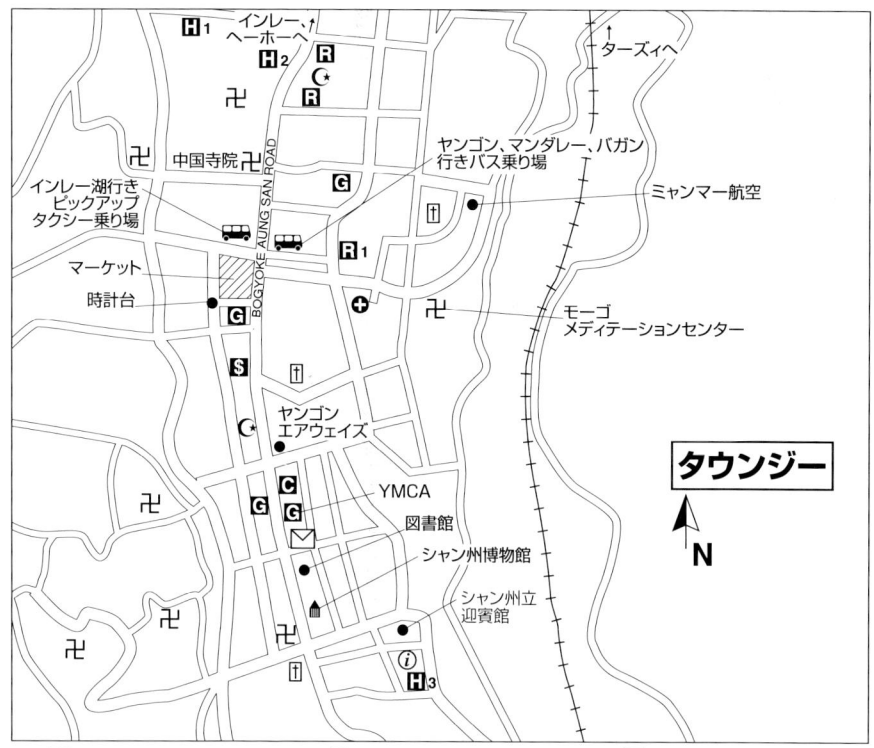

H1 Paradise Hotel 50FEC〜　**H**2 Khemarat Hotel 15FEC〜　**H**3 Taunggyi Hotel (MTT) 30FEC〜　**R**1 Khaing Thazinビルマ

　院や宝石市、シャン州博物館などに立ち寄っても1日あれば十分だろう。旅行者の多くは、インレー方面から車でやってきて、市場をのぞいて引き返す。

　そもそもタウンジーは、外国人が陸路でアクセスできる最東端。この先チャイントン方面へ陸路で行けるのは、ミャンマー人のみだ。道が整っていないこともあるだろうが、タウンジー以北にはルビーなど高価な石が出る鉱山があり、東の黄金の三角地帯にかけてはケシ畑が広がっている。外国の旅行者がのこのこ行って観光するのには、ちょっと危険、ということらしい。

◆アクセス
鉄道：ニャウンシュエのアクセス（P.053）を参照。列車をシュエニャウンで下車してからピックアップやタクシーでタウンジーへ。約30分。
バス／ピックアップ：ヤンゴンからはタウンジー行きの夜行長距離バス（18〜19時間、2500K前後）が、マンダレーからは早朝5時ごろ発のミニバス（9〜10時間、1500K）が出ている。マンダレーからのピックアップは8時間前後かかり、約700K。ニャウンシュエからタウンジーへはピックアップが頻繁に出ている。60K。タクシーで10FECくらい。

全長150mもの鍾乳洞、ピンダヤ洞窟。大理石やチーク、雪花石膏などさまざまな素材で作られた仏像の群は圧巻。仏像の合間に敷かれた小道は、迷路ともつかない蟻の巣状態で、目が回る。

■ピンダヤ　Pindaya／Shan State（シャン州）

シャン語で「広大な平原」を意味するピンダヤの一帯は、緩やかな赤土の丘陵が幾重にも連なり、南仏のぶどう畑を連想させる。

　ピンダヤの町は湖を囲んで開けており、湖岸の一本道沿いに小さな食堂や土産屋が並び、外国人向けのリゾートホテルも点在する。この町の目玉は、8000体以上もの仏像が納められているピンダヤ洞窟。一歩踏み入れると、手の届くところから、鍾乳洞の天井はるか高いところにまで仏像がびっちりとはめ込まれている。御利益のある仏像は数々あれどまずはこれ「汗をかく仏像」の汗を顔に塗ると幸せと美貌が得られるというので、御尊顔をなでた。だがみんなが触れているせいか、ツルンとした顔には湿り気さえ感じない。すると「汗は夜かくんじゃよ。朝一番においで」と背後から洞窟の案内人。早起きは三文の徳は何処も同じ。

> ◆アクセス
> バス／ピックアップ：タウンジーから毎日1本バスが運行。200K前後。インレー湖からピックアップで来る場合はアウンバンAungban乗り換えだが、バスの本数は非常に少ない。

仏像背後にかかるのは人が亡くなった時作って奉納する2〜4mもの旗。描かれた動物や獣に転生しないようにとの願いが込められている。僧院ワッパタツオンモンWat Pha That Jom Monで。

チャイントン

■**チャイントン** Kyaingtong（ケントンKengtung）／Shan State（シャン州）

ヤンゴンのその名もチャイントンという食堂で「チャイントンは、シャン州で一番きれいな町だよ」と聞いて行ってみたくなり、旅支度をした。チャイントンはタウンジーの北東456km、タイと国境を接するタチレクの北163kmにある。ヤンゴンからの行程を考えると、辺境と言うに値する地だ。空路、それも経由便しかなく、時間と費用がかかる。だから大半の外国人旅行者はタイ側からタチレクに入り、陸路で来る。

　私はヤンゴンから、エアマンダレーで出発した。ヘーホーで悪天候のため3時間待たされ、約半日かかってチャイントンに到着。空港には入国管理の部屋と待合室があり、外国人は入管で宿泊地と帰りの予定などを係員に伝えてから空港を出る。建物の外にはバイクタクシーやタクシー、三輪タクシーが客待ちしており、足には困らない。空港から市街までバイクタクシーで300K。タクシーなら乗り合いで500K。

町には昔、この地域を治めていた藩主が使っていたという建物が残り、ホテルとして使われているところもある。

ノントーン湖を中心に広がるチャイントン。大きな尖塔の寺院は仏陀の6本の髪の毛を祀るというWat Jong Kham。湖畔には裕福な中国系のコンクリート建てパラボラ付きの家が目だつ。

　約15分で町中に着き、知人の家を訪ねた。その家族は、チャイントンの人口約18万人の8割を占めているクン族（自称クンシャン）だ。大黒柱の若旦那はバイクタクシーの元締めで、彼に町を案内してもらった。細い道がクネクネと走る町のそこここに寺院がある。「クン族は敬虔な仏教徒だから寺はたくさんあるぞ。1区画に1つは必ずあるんだ」

　マンダレーのマハムニ像を模したWat Pha Jao Lungや、瞑想寺として知られるWat Mahabodhi Vipassanaなど、主な見どころを数時間で回った後、中華料理屋で夕食を食べた。若旦那が店員と話しだした言葉は中国語。「町の人間はたいていクン語と中国語、シャン語、ビルマ語が話せるんだよ」。クン語はタイ語に似ているようだ。「そうだよ、クン語の約半分の単語はタイ語と共通。クン族はタイから来たんだからね」。クン族は13世紀にチェンマイから移り住んだ人々で、その当時の統治者は、チェンマイの王朝ランナータイの末裔だったという話だ。

　末裔といえば、チャイントンの落人伝説も興味深い。日本人山田長政がタイのアユタヤで死んだ後に、その配下の武士たちがこの地に追放さ

隣国ラオスのルアンパバーンに似た町並みが郷愁を誘う。小さな瓦を重ねた屋根の家屋はミャンマーでは珍しく、美しい。苔むした古い屋根に押しつぶされそうに傾きかけた家も…。

れたらしいが、朱印船の時代に日本からタイのアユタヤへ、さらに東京と知床岬ほども離れた地へ逃げ去る心境はどういうものだったか。

　翌朝マーケットへ足を運んだ。辺境の町とはいえ、中国、ラオス、タイの3カ国に隣接したチャイントンは、4カ国を結ぶ国境貿易の一大拠点なので、市場は大きかった。タイの絹の織物や中国製の電化製品など、店先に並ぶ品は大半が中国やタイのもの。人間模様もここまで来るとだいぶ違う。タナカ（100ページ参照）をつけている人は稀で、厚いメイクの若い女の子が多く、男性はズボンが多数派を占める。民族衣装で籠を背負ったワ、アカ、ラフ族ら山岳民族の姿も少なくない。

　市場から歩いて10分程度で町の真ん中にあるノントーン湖へ着いた。湖をとり囲む緑の丘に、焦げ茶や赤、青の瓦屋根が並び、教会や寺院の尖塔が見え隠れする光景は、スイスの山あいの町に似た雰囲気。この町は、中国雲南省から流れる大河タンルウィン川によってシャンやビルマの文化圏と隔てられ、バガン王朝期以前にはクン族の王国があった。そうした素地に近隣諸国の影響が入り混じり、さらにコロニアルカラーも

こぢんまりしていて道も細く、周囲は丘に囲まれている土地柄のせいか移動手段はもっぱらタイ製カブのバイクタクシー。1時間300K（ガソリンの時価によって異なる）でチャーター可。

周囲の山と町との長距離を往復するためか、荷物を背負う人たちは、肩への負担を軽減する木製の肩当てをしていた。花売りに来ていたアカ族の女の子もこの通り。

加味され、異国的な趣を醸し出しているのだろう。言葉も聞き慣れないので、たびたびミャンマーではないどこか他の国にいる錯覚に陥った。

「1つあった映画館もつぶれちゃって、楽しみは友達や親戚の家に行ってのおしゃべりかな。町にはなにもないんだけど…車が少なくて静かで、空気もきれい。夏は涼しいし、冬は霧がかかってきれいなのよ」と、湖畔のレストランで働く二十代のアカ族の女の子が言っていた。確かに、風光明媚な町並みもさることながら、ここには余計なモノに煩わされない、シンプルな暮らしの美しさがある。ひいきめかもしれないが、チャイントンは「ミャンマーで一番美しい町」というのが私の印象だ。

◆アクセス
バス／ピックアップ：タイのメーサイMae Saiからタチレクlachileikに入国して、タチレクからチャイントンまでピックアップなら60バーツ。タクシーは2000バーツまたは80USドル。交通手段と道の状況で所要時間は異なり3〜10時間。雨季で道が悪い場合は通行不可。
飛行機：ヤンゴン──チャイントン120FEC。ほとんどの便がマンダレー──ヘーホー──タチレクを経由するフライトなので、飛行時間だけでも3時間以上かかる。ミャンマー航空が日水金土、エアマンダレーとヤンゴンエアウェイズが毎日運行。

チャイントンのマーケット。大ぶりのドリアンやランブータンはタイから、みかんは中国からの輸入品。この果物屋だけを見ても、メコン川流域の国境貿易の様子をうかがうことができる。

チャイントン　Kyaingtong／Shan State

知人の依頼で「よく当たる」という僧侶を訪ねた。生年月日と曜日を言うと、升目に数字を書き込んで計算をした後、秘蔵本を見て将来の行く末を占ってくれた。僧侶は人生の師でもある。

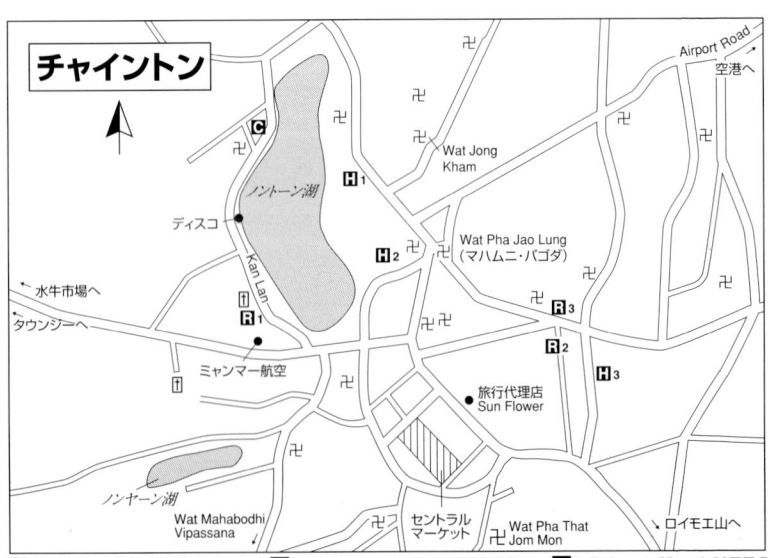

H1 Noi Yee Hotel 10 FEC〜　**H**2 Kyaington Hotel 30FEC〜　**H**3 Princes Hotel 23FEC〜　**R**1 Royal View Pointシャン　**R**2 Lauo Tien Lu中華　**R**3 Golden Banyanシャン

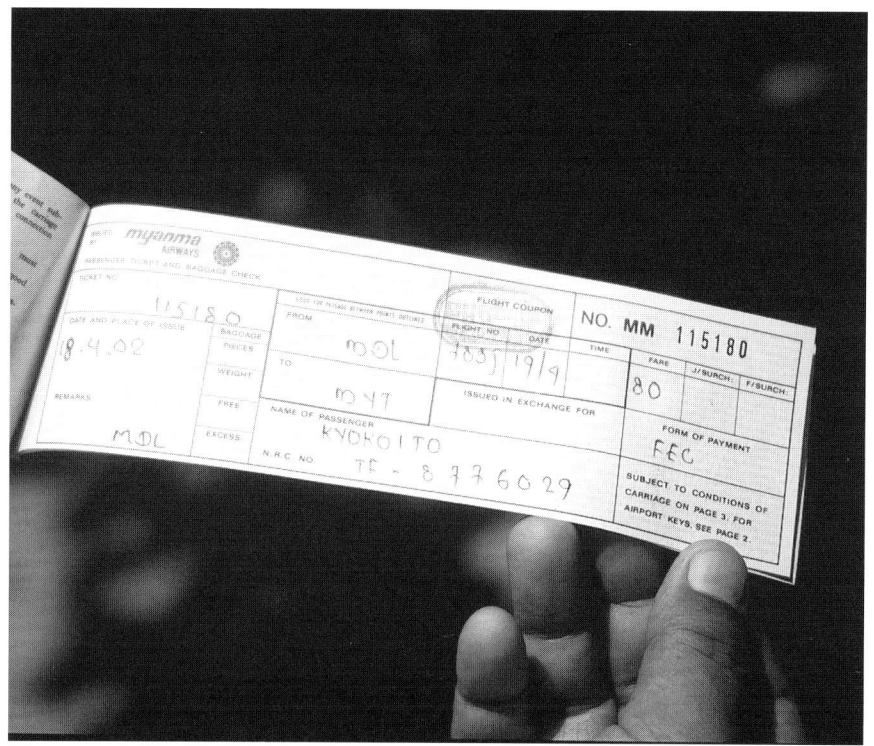

ミャンマー航空のチケットは、出発の時間も空白のまま。

✿飛行機での移動

日本の約1.8倍という広い国土でありながら、道路や鉄道の整備が完璧とは言えないミャンマーでは、山も川もひとっ飛びの飛行機はありがたい。たとえば、列車では順調に走っても15時間余りかかるヤンゴン――マンダレー間も、飛行機なら1時間半。発着時間が多少ずれることはあっても、時間的、体力的にもロスを避けたいなら、飛行機が一番。

ミャンマーには現在、国営のミャンマー航空（UB）と、民営のエアマンダレー（6T）、ヤンゴンエアウェイズ（HK）が運行している。UBはもっとも多くのエリアに飛んでいるので、利用せざるを得ない場合も多いのだが、「ミャンマー航空はキャンセルがよくありますし、機体が古く整備も整っておらず、過去に墜落事故もありました。ですからなるべく民営のフライトをお勧めします」とはサネイトラベルの西垣氏。

私はヤンゴン――チャイントンの行きにエアマンダレー、帰りにヤンゴンエアウェイズ、マンダレー――ミッチナーでミャンマー航空を利用した。比較的時間に正確だという噂のエアマンダレーでは、チャイントン行きの当日突然フライトキャンセルになり、戻りの便もフライトキャ

ンセルで、ヤンゴンエアウェイズに変更と、かなりめちゃくちゃな目にあった。「フライトスケジュールと実際の運行は、便名が同じでもかなり異なりますから注意が必要ですね。また、避けていただきたいのは、国内線から国際線への同日乗り継ぎ。国内線が勝手にフライト時間を変更して国際線に乗り継げなかったという話は何度か聞いたことがあります。そのうえ旅程変更が利かないFixチケットの場合は、新たに航空券を買い直さなければならなかったりも。無理は避けてください」ということだ。

UBは「どうしても利用する場合は、双発プロペラのF27は避けて、双発ジェットで」と言われたF28。離発着は時刻通りで、機内サービスは飴玉。機体の設備やシートがやや古く、マイクの電圧が弱く音声が不明瞭だったのを除けば、フライトの怖さは民間と変わらなかった。

飛行機のチケットは、各航空会社や旅行会社で購入。旅行会社のほうが定価よりもやや安く手に入る。ミャンマー航空については、フライト前日の午前中に、オフィスで航空券購入の申し込みをし、その日の午後に発券される。その際パスポートのコピーを提出する。民間の６ＴとHKは１カ月以上前からの予約が可能。サネイトラベルでは「利用したい日が決まったら、メールなどで、とりあえず予約をしてください。特に11〜1月の国内線は込み合いますので、早い予約が必要なのです」。

私も限られた旅行日程の中で、フライト待ちで数日足どめをくらったり、航空券を買うのに右往左往して時間を費やした記憶があるので、うれしいサービスだ。今現在はヤンゴンの旅行会社は、インターネットでの旅の相談が可能。利用しない手はない。ただミャンマー国内ではまだ一般にインターネットは使用できないので、予約は日本からどうぞ。

◆ツーリストサービス・インフォメーション ❷ 〜旅の相談E-メールでOK
Sanay Travels & Tours No.6E Bldg. (c), 6F, Nyaungpinlay Plaza Lanmadaw Yangon ☎ 95-1-226215　E-mail:info@yangonow.com　URL:http://www.yangonow.com/jpn/

主なエアラインの運行日　＊運行状況はしばしば変更となるので、確認問い合わせを。

ヤンゴン⇔マンデレー	UB日月金木、６Ｔ毎日３〜４便、HK毎日３〜４便
ヤンゴン⇔ニャウンウー	UB毎日、６Ｔ毎日２便、HK毎日２便
ヤンゴン⇔ヘーホー	UB日月木金土、６Ｔ毎日、HK毎日２〜３便
ヤンゴン⇔チャイントン　マンデレー、ヘーホーなどの経由便	UB日水金土、６Ｔ毎日、HK毎日
ヤンゴン⇔タンドウェ	UB火金、６Ｔ月火金土
マンデレー⇔ニャウンウー	UB毎日、６Ｔ毎日、HK毎日１〜３便
マンデレー⇔ミッチナー	UB日月金水

中部ミャンマー

汚れのない新年を迎えるために、過去の汚れを洗い流す意味で水をかけ合う水かけ祭り。マンダレーにて。

国中にいる僧侶の約6割が集まっているといわれるマンダレー。早朝から托鉢に歩く僧侶が引きも切らず、友人宅では毎朝50食分のおかずを1品作り、僧侶が来るのを玄関先で待っていた。

マンダレー

■**マンダレー** Mandalay／Mandalay Division（マンダレー管区）

ヤンゴンはイギリス植民地時代に首都が置かれ、以降の経済の発展を担った、わりと新しい港湾都市なのに対し、エーヤワディ川沿いのマンダレーは、ミンドン王が建てたこの国最後の王朝があった城下町。王宮こそ第2次世界大戦で破壊されたが、古いパゴダや寺院は今も残り、古都の風情が漂う。ミャンマー第2の商都とはいえ、高層ビルは少なく、樹木が歩道に木陰を作り、そこをゆく人々は誇り高い。

　ミャンマーの正月にあたる4月の水かけ祭り。夜の舞台で女の子たちが、足を前後に動かし、手や腕をハラハラ回す祭りの踊りを披露していた。「見て。マンダレーの踊りは手の動きが上品でしょ。ヤンゴンみたいにホットショー（派手といった感じの意）じゃないの」と友人が言う。「言葉も国で一番きれいなビルマ語を話すのはマンダレーだって、知ってる？」。マンダレーには郷土の風物、人情に絶対の自信を持っている人が

マハムニ・パゴダはマンダレーでもっとも重要なパゴダ。本尊のマハムニ仏は、1784年にヤカイン地方の国からこの地に運ばれてきたことに由来し、ヤカイン・ペヤーとも呼ばれる。

マンダレー　Mandalay／Mandalay Division

11世紀のバガンの時代から始まったとされる人形劇はミャンマーが誇る伝統芸能の1つ。マリオネットショー―Mandalay Marionettes & Cultural Show。入場料3FEC。

"月の菓子"という意味のラーモンはマンダレー土産にかかせない逸品。皮は油で焼いてあり、中には砂糖のような餡が入っている。名産のピーナッツの風味が効いて、お茶によくあう。

多い。「ここの人間は人情が厚い。計算高くないし純粋。悪くいえば田舎っぽいけど、モダナイズされたヤンゴンは、ミャンマーらしさを失っているわ」と言った、20歳の女学生の言葉が印象的だった。

　水かけ祭りの3日間、炎天下の町には、水しぶきが飛び散り、音楽の爆音が響き渡る。若者たちがトラックなどの荷台に鈴なりになり、祭りの中心の旧王宮周囲の道路をふさいで、大渋滞の中で踊り狂う。だがその一方では、僧院や家で瞑想のうちに新たな年を迎える人も少なくない。「ウーボウネ（精進日）だから」と寺院へ通っていた知人のおばさんは、僧侶らと同じように昼以降は食事をとらず、普段より厳しい戒律を守って三が日を過ごすことで功徳を積むのだと教えてくれた。

　マンダレー市内には見るべきところがたくさんある。まずは旧王宮の北東にあるマンダレーヒルに上ってみよう。標高236mの丘には仏陀にまつわる像が散在している。仏陀がこの丘に立ち、「2400年の後にこの山の麓に偉大なる王朝が生まれるだろう」と予言した伝説は有名。ちなみに2400年後は1857年で、その年ミンドン王がアマラプラからマンダレーに

昔は王宮内にあり、ミンドン王と王妃が時を過ごしたシュエナンドー僧院Shwenandaw Monestery は全体に施された彫刻がみごと。王の死後ティボー王が僧院としてここに再建した。

遷都を決めた。予言が的中したというより、やり手と言われたミンドン王だから、予言の年に遷都して、うけを狙ったのかもしれない。

　麓の周囲は、チャウットーヂー、クトードー・パゴダなど見どころが集まるマンダレー観光の中心的エリアだ。なかでもシュエナンドー僧院は必見。かつては金箔で覆われていた建物は、屋根や外壁には精霊ナッの彫刻が無数に施され、中には十大ジャータカ（仏陀の物語）のレリーフが美しい状態で残っており、みごとな木造建築の技を堪能できる。

　技といえば、仏像彫りや金箔作り、絹織物といった伝統工芸の職人技に、気軽に触れられるのもマンダレーのいいところ。たとえば近辺で採れる大理石を使った仏像作りの工房が、市街の南のはずれにあるマハムニ・パゴダの周辺に集まっている。トタン屋根の下、石の破片をピシピシ飛ばしながら、男たちがノミを打ち、女たちが完成間近な仏像を抱き、石の肌を水で濡らしながら、悩ましい手つきでやすりをかける。仏像の多くは注文で作られ、寺院に寄贈されたり、外国人が土産にする。小は2500円くらいから大は20万円程。こうした商売が繁盛するのも人口約200

マンダレーヒルの中腹にある「予言を与え給う仏陀」の像。弟子のアーナンダに「山の麓に偉大な王朝が生まれるよ」と言い、王宮の方角を指差している姿だという。

マンダレーの前に王朝が置かれたアマラプラのウベイン橋U Bein's Bridge。全長1.3kmでチーク材で作られている。柱についた色の違う線は季節によって水量が異なることを物語る。

万人の8割が仏教徒というマンダレーだからこそなのだろう。

町の仏教徒にとっての御本尊は、ペヤジー（ビッグ仏陀の意）ことマハムニ・パゴダだ。高さ4mのブロンズの仏像は、長い間参拝者に金箔を貼り続けられ、金箔層の厚さは15cm以上もあるらしい。「不思議なんだけど、体は金箔が貼られて大きくなるね。でもそれだけでなく、金箔が貼られていない顔も、体型に合わせて自然に大きくなっているんだ。不思議なんだけど、これも仏陀の力。ミャンマー人ならみんな知っている」。確かに聞く人聞く人、誰もが本当だと口を揃えた話だった。

◆アクセス
鉄道：ヤンゴンから毎日6～7本運行。14～15時間。upper30FEC、寝台車33FEC。バガンからは1日2本、約10時間。
バス／ピックアップ：ヤンゴン——マンダレーの長距離バスは毎日10社前後のバス会社が運行。14～15時間、1500～3000K。夕方5～6時頃出発して、翌朝9～10時到着の便がほとんど。バガンからは7時間、650K。タウンジーからはミニバスが運行9～10時間、1500K。
飛行機：ヤンゴンからはミャンマー航空、エアマンダレー、ヤンゴンエアウェイズが毎日3～4便運行。1時間～1時間半、100～138FEC。バガン、ヘーホー、ミッチナー、バモーからも便がある。

マンダレー

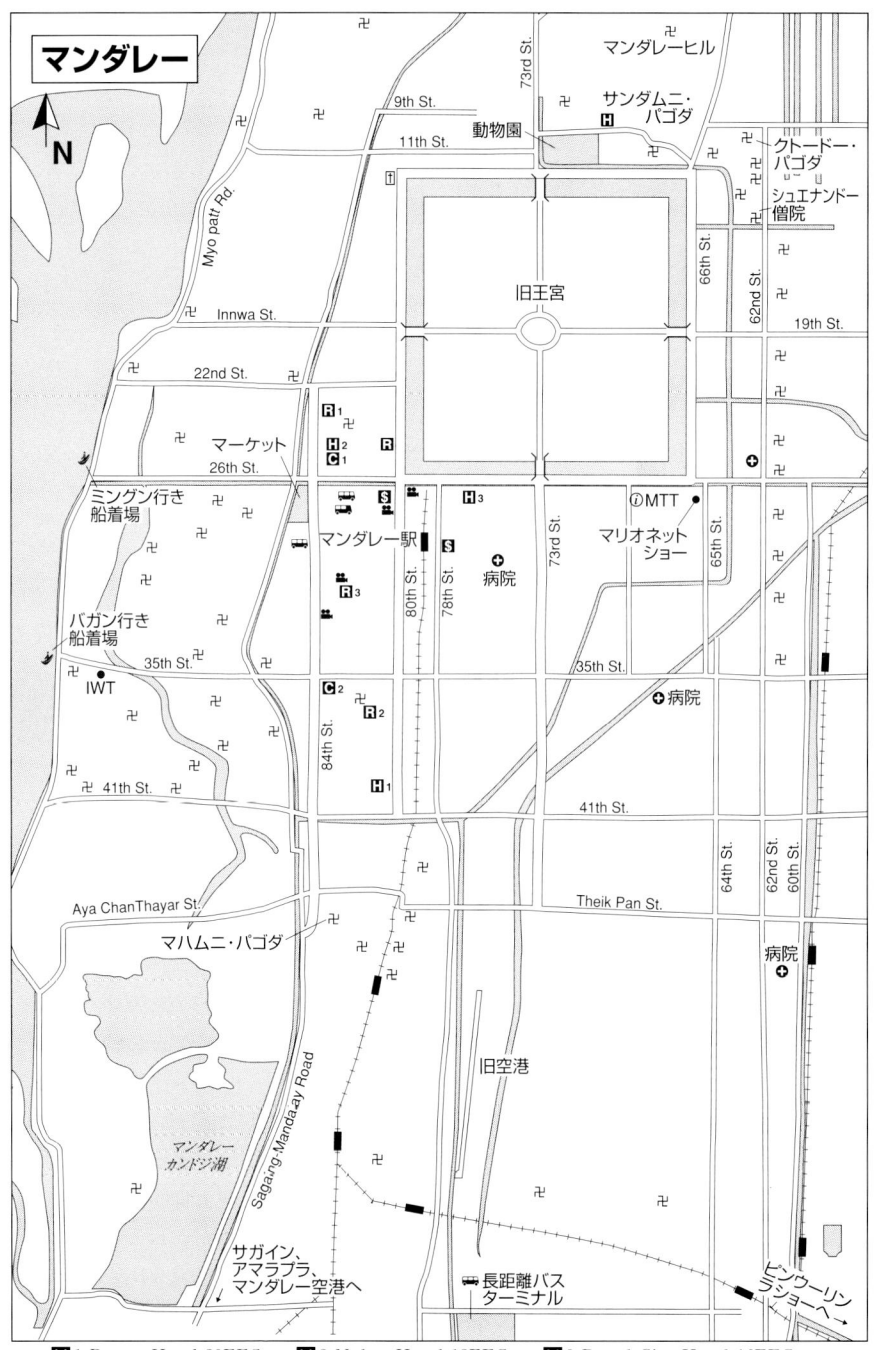

H1 Power Hotel 20FEC～ **H**2 Nylon Hotel 18FEC～ **H**3 Royal City Hotel 16FEC～
R1 Lashio Layシャン **R**2 Aye Myit Tarビルマ **R**3 Man Shwe Liシャン **C**1 Nylon Cold Dink **C**2 Unison

アウンサン・スタジアムの周囲に連なるバス会社のオフィス。看板を見ると、マンダレーとか、バガンとか行き先が書いてある。希望の便があったらそこでお金を払ってチケットを買う。

☼長距離バスの旅

　まず、バスやタクシーなど車で旅をする際のタブーは、運転手に「何時に着く？」と聞くことだ。到着時間を尋ねると車の守り神の御機嫌を損ない、よくないことが起こるといい、運転手らは非常に嫌う。旅の最初のころ、知らずに聞いてしまった私は、どうして運転手が仏頂面をして、振り返りもしなかったのか、わからなかった。それを心得ていれば、バス旅行はもう半分成功したも同じ。

　さて、ミャンマーでのバス旅行は、コストを押さえて旅をしようというバックパッカーたちに重宝される。というのも、かなり高い外国人料金が設けられた飛行機や列車に比べると、乗車賃が現地の人たちと変わらないか、やや高めぐらいで、格安で移動できる手段だからだ。ちなみにヤンゴン——マンダレーのバス料金は列車の10分の1の2500K前後。

　だが、現地の旅行会社PSLの高橋さんは「公表はされていませんが、バスの事故はかなり多いんです。雨季には道が川になってしまうこともありますし、運行がことさら不定期で危険。チケット購入のお手伝いはし

ますが、積極的に勧めてはいません」と言う。団体の旅行者が陸路での移動を希望する場合は、バスを貸し切って、個人なら車をチャーターして行くのが普通らしい。

だがそういう高橋さんも、個人的にはバスを利用することも少なくないと言い、私もヤンゴン──マンダレー間は、もっぱらバス。Leo Express、Manshwe Pyi Expressなどは整備状況もよく、事故や故障がなければ、到着も列車ほど遅れたりはしない。長距離バスの車体のほとんどは日本の観光バスの中古で、エアコンがよく利いているバスも少なくなく、快適に過ごせ、車内ビデオでハリウッド映画やドラマの上映もあるので楽しめる。

ヤンゴンからマンダレー、バガン、タウンジーを結ぶ路線は夕方発の夜行バスが一般的。たいてい予定通りの時刻に発車する。ヤンゴン──マンダレー間ではミネラルウォーターのボトル1本と、到着間近に顔を拭け、とウェットティッシュが配られた。私の場合は、夕方5時にヤンゴンを出て、6時半に夕食、車内でケビン・ベーコン主演の透明人間の映画を観て、10時にトイレ休憩、深夜2時にお茶休憩、5時半にトイレ休憩、7時半朝食で停まり、10時半にマンダレーに到着した。言葉がよくわからないと、バスが停車するたびに、「今度は何だろう」と当惑するが、そういう時は乗客が降りるのについて行き、様子を見て判断するしかない。周囲の乗客と顔見知りになっておくと、助かることも多い。

やや困るのは、車内トイレの設備がないことで、トイレは、途中休憩に停まる店で行くか、路肩で用を足すのが普通。マンダレー行きで白々と夜が明けてきた頃に、交代で仮眠していた運転手がガバッと起き、「さて健康のために、行こうぞよ！」と車を停めた。そして乗客を引き連れて降り、大勢が揃って道端で用を足していたのにはお手上げだった。

長距離バスのチケットは、路線によってはMTTでも購入できるが、ヤンゴン中央駅の前のアウンサン・スタジアムの周囲に集まるバス会社のオフィス、あるいはソバジー ゴン・ハイウェイバスセンターで購入する。長距離バスは全席指定。席割りの表を見て好きな場所を選ぶこともできる。自由に席を選びたければ、前日に行くといいだろう。水かけ祭りや火祭りなどの時期は、込むので早めに申し込んだ方がいい。

◆ツーリストサービス・インフォメーション ❸ 〜旅の相談E-メールでOK
Peace Smile Land(PSL) No.261, 8F, Bo Myat Tun Street, Bo Ta Htaung, Yangon
☎95-1-299850　E-mail:psl@mptmail.net.mm　URL:http://www.ovencafe.net/psl/

サガインの丘の頂からエーヤワディ川にかかるインワ鉄橋を望む。サガインは第2次世界大戦の激戦地だったため、山頂付近に日本人戦没者を弔った日本パゴダが建ち、石碑が並んでいる。

マンダレーからのショートトリップ

■サガイン　Sagaing／Sagaing Division（サガイン管区）

オプショナルツアーでは欠かせない人気スポットのサガイン。白い小石を散りばめたように4000ものパゴダや僧院が建つサガインの丘Sagaing Hillの光景は、馴染みはないはずなのに郷愁を誘われる。1315年にバガン王朝が滅びた後、シャン族の王がここに都を建てた。だが1364年にはインワに遷都。そのまた後の1760年から再び王都として返り咲いたが、わずか4年間で歴史の表舞台から名を消した。

　サガインの丘の頂上からは、エーヤワディ川とインワ鉄橋Inwa Bridgeが望める。1934年にイギリスが建造したこの鉄橋は、第2次大戦中、侵攻してきた日本軍が利用しないようにと英国軍自らの手によって爆破され、後の1954年に再建され今に至る。真ん中に鉄道の線路が通り、その両脇に道路が1車線ずつ敷かれており、大河を挟んで東西に向かい合うマンダレー管区とサガイン管区を結ぶ重要な役割を果たしている。

サガインのカウンムードー・パゴダKaungmudaw Payaの境内のひんやりした大理石の上でお弁当を広げる参拝者たち。ここのパゴダは真っ白い乳房の形をしているので有名。

H 1 Happy Motel and Restaurant 5 FEC〜

　市内観光にはタクシーが体力的には楽だが、見どころが多いサガインの丘などは、かえって車の乗り降りが面倒になるかもしれない。そうしたら麓から頂上まで20分程度、山道をてくてく歩き、気の向くままにパゴダをのぞいてみるのも楽しい。

　この丘の麓に友人の祖父が開いた僧院がある。エーヤワディ川を眼下に望む場所にあり、瞑想や読経をする講堂や寝室などがある。彼の祖父は7歳からモンユワMonywaの僧院に入り、死ぬまで涅槃の境地をめざす生き方を貫いた。僧侶は長い経験と説教の実績があれば、僧院の長の死などによって僧院を継ぐこともできるが、彼の祖父は親戚、信者らの寄進によって自分の僧院を建立した。血縁に僧院を持つ僧侶がいることは鼻が高いことなので、友の顔もいつになく誇らしげだった。また血縁なら惜しみなく喜捨ができるため、一層功徳を蓄積できるのだそうだ。

◆アクセス
ピックアップ：マンダレー84stと29th・30stの間からサガイン行きのピックアップが出ている。1時間半、100〜150K。マンダレーからタクシーの場合は往復で20FECほど。

ウミントンゼUmin Thounzeh（30の洞窟という意）は、緩やかにカーブを描く三日月状の回廊にずらりと並ぶ仏像群が有名。仏前には、瞑想する人が自由に使えるように数珠が置いてある。

サガイン　Sagaing／Sagaing Division

シンビューメー・パゴダHsinbyume Payaは、仏教の宇宙説で世界の中心にある須弥山に建つスラマニ・パゴダを再現。波状の手すりで囲まれた7段の回廊は須弥山を取り囲む山を表現している。

■ミングン　Mingun／Sagaing Division（サガイン管区）

こういう見どころがポツリと残っていて人を驚かすのがミャンマーのすごいところだな、とミングンのパゴダを目前にして思った。ふつう外国人旅行者はマンダレーから船でアクセスするしかないのだが、バガンからモンユワ、サガインと車で回った私は、その足でミングンに向かった。雨季には道がなくなるというひどく荒れた道で、着いた時には、全身土埃で真っ白だった。

　サングラスをかけてビデオを回す恰幅のいい欧米人観光客らの、あの巨体さえ米粒のように見える迫力で建つのは、ミングンのパトゥードージ・パゴダだ。1790年にボードーパヤー王が世界最大のパゴダ建設をめざして着工したが、1819年の王の死とともに、作業は放り出された。体の一部を失ったミロのヴィーナスに、えもいわれぬ味わいがあるように、このパゴダも、未完のうちに黙って歴史を見守ってきた主といった風格があって、眺めていると不思議と壮快な心地になる。

　塔の右端には、地震で崩れ落ちた壁面に沿うように石段がある。上っ

ミングンの鐘。直径5m、重さは90トン、鐘の厚さは7、8cm。大きさではモスクワにあるのが最大だが、鳴る鐘としては世界最大。内側からづう〜んという鐘の響きを感じられる。

パトゥードージ・パゴダは、完成時には高さ150mとなり、タイのプラ・パトム・チェディ130mを抜いて世界最大になるはずだった。エーヤワディ川の船からもその雄姿が臨める。

ミングン　Mingun／Sagaing Division | 095

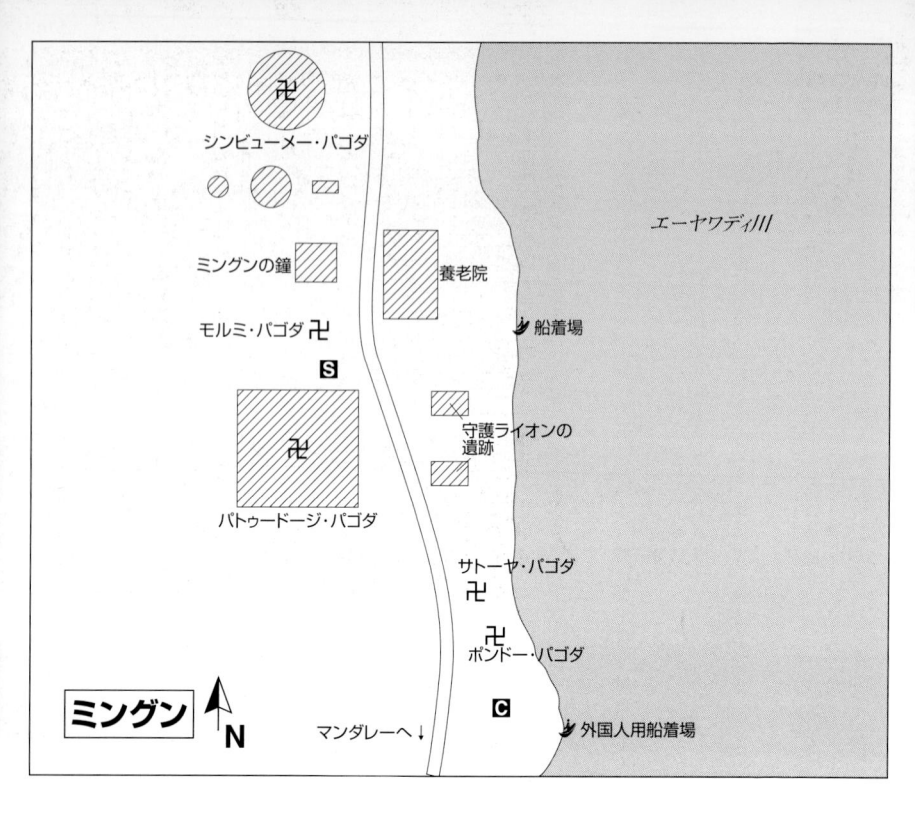

ていくと、厚さ2、3cmのレンガをすき間なく積み重ねた断面を間近に見られ、何千もの奴隷が関わったという作業行程を想像すると気が遠くなる。頂上からはエーヤワディ川に向かって立つパゴダの門番2頭の獅子の朽ちた後ろ姿や、白亜のパゴダ、シンビューメーが一望できる。

　ここにはパゴダに合わせてもう1つ世界一を目指したものがある。ミングンの鐘である。実際打ち鳴らせる鐘としては、世界一の大きさだという。鐘の内側には観光地でよく見られる落書きがびっしりで、ビルマ語、英語、漢字が入り乱れ、日本人の筆跡も2件ほどあった。

　ミングンは歩いて回れる範囲に見どころが集まっているのがうれしい。疲れたら茶屋で休憩するといい。ミングンの鐘の入口にあった出店では、エビやナッツ、ウリを揚げていて、香ばしくておいしかった。

◆アクセス
船：マンダレー35stのミングン行きの船着場Foreigners River Transport Jettyから30分おき、あるいは定員になった時点で出発。朝は7時〜8時ごろに乗船すると、現地でゆっくり見てまわれる。帰りの最終便は午後4時。往復で500K。船の貸し切りは5000K。所要時間はだいたい45分〜1時間だが、季節により変わる。ミングンの船着場で入域料3FECを払う。

モンユワ郊外のチャウッカKyaukkaは、バガンと並んで漆器が有名。水瓶の蓋や行商で荷物を頭に乗せるのに使う平籠など。この地域で取れる竹で作った籠に、手で何度も塗り重ねていく。

■モンユワ　Monywa／Sagaing Division（サガイン管区）

インド国境と平行して流れるチンドウィン川の東側に広がるモンユワ。古くから国境貿易が盛んで、インドからの密輸品などを国内の都市へ送る集散地だった。もちろん今も、チンドウィン川を行き来する船や、市街を行き交う車の量が多く、市場も大きく、さすがにサガイン管区最大の商業都市としての活気が感じられる。

市内にも見どころはあるが、少し郊外が面白い。モンユワからマンダレー方面行きのバスで20分の所にタンボーディ・パゴダThanboddhay Payaがある。1939〜52年に作られたこの寺院には宗教的・歴史的建造物が集まり、ユニークな表情の像や彫刻が魅力。そこから車で約15分の所には、菩提樹の下に8000体以上もの仏像が並ぶボディタタウンBoddhi-Tataung、全長100mもの寝釈迦シュエターリャウンなどがある。

◆アクセス
ピックアップ：マンダレー89th、24thの間からミニバスが、早朝から午後3時ごろまで1〜2時間毎に運行している。3時間半、300K。

須弥山を再現したタンボーディ・パゴダ。外も中も天井の方まで大小の仏像でびっしりと埋め尽くされ、中に立つと圧倒される。仏像の数は58万2357体あるという。モンユワの南東19km。

モンユワからバガン方面へ車で3時間。エーヤワディ河岸のパコックPakokkuの町は、タバコが有名だ。寺院以外これといった見どころはないが、一部に古い参道の遺跡が残り、風情がある。

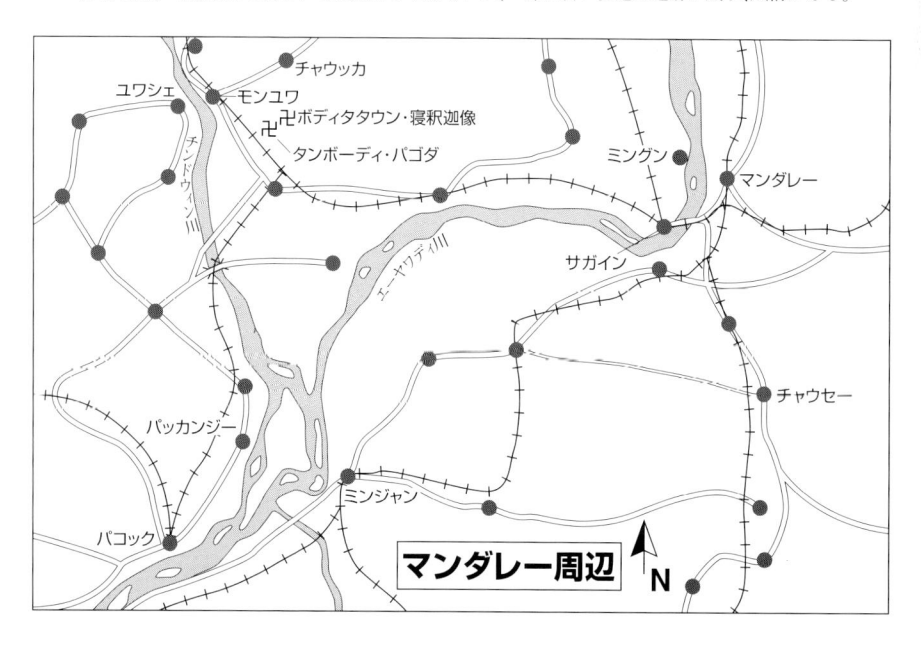

マンダレー周辺

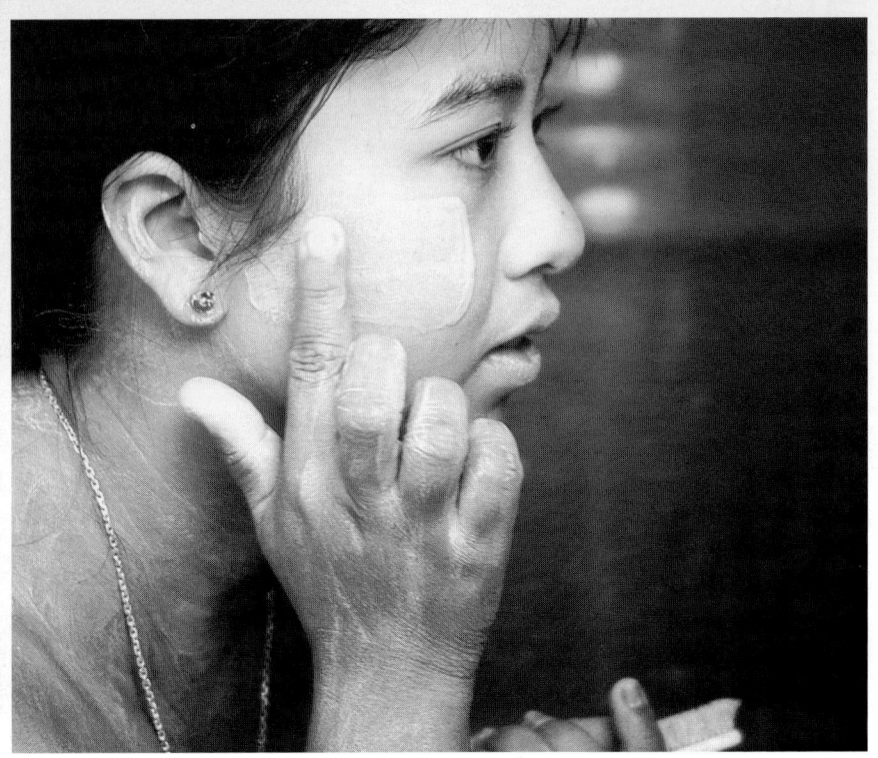

タナカをまず全体に薄く塗ってから指やブラシで頬や額、鼻に好みの模様を入れる方法が一般的。最近は既成のファンデーションを塗った上からタナカを仕上げに薄づけする女の子も多い。

✿ ミャンマーの超天然化粧品・タナカ

「何を顔にくっつけてるんだろう？」初めてミャンマーを訪れた時に、白いペンキを顔に塗ったような人々を見て、その奇妙さに驚いた。すぐに白樺のような木の皮をすりおろして使うタナカという化粧だと知った。タナカは男女ともに使うが、美しく塗って楽しむのはもちろん女性。特に、学生や独身女性は、顔に線や丸、四角、葉っぱ、花などを描いて"おしゃれ"をアピールする。そして男性も、それを喜ぶ。

慣れないうちはひるんだ私も、今や現地ではタナカの常用者である。各種の模様や上品な塗りかたを毎回試すのだが、左右均等に模様をつけるのは難しく、キマったためしがない。もっともタナカは、畑仕事をする女性や子供たちが強烈な太陽から肌を守るために、日焼け止めとして腕や顔につけたのがはじまりで、キメる必要もないのだが。

タナカは肌を白く、柔らかくする効果があるという。日本も美白ブームだが、ミャンマーでも色が白いことは美しさの重要な条件で、女性たちは、上質で美白効果が高く、さらにパフュームのように香りのいいタ

タナカの研ぎ石チャウピンに木をすりつけてタナカのペーストを作る。ペーストを作って固めたインスタントも売られているが、顔につけるのはおろしたてのピュアなタナカが一番。

ナカを欲しがる。ちなみに、タナカはどこの町でも買えるが、有名なのはモンユワ近郊にあるシマ山産。タナカの木は暑く乾燥した気候を好むらしい。モンユワ一円ではどこへ行っても「シマ産のいい代物よ」と売られているが、１本成長するのに35年かかるタナカは希少であるらしく、旅行者の多くが偽物をつかまされるのだと聞いた。

　さて、タナカの効能はまだある。清涼効果だ。水がまじったタナカのペーストを顔や体につけると、水が蒸発するときに、すう〜っとして涼しく感じる。シャワーしたそばから汗がにじみ出てくるほどの蒸し暑いミャンマーでは、一瞬とはいえ、この清涼感がなんともいえない。

　タナカのペーストは、チャウピンという丸い研ぎ石にタナカの木片をこすりつけて作る。水で石の表面を濡らしながら、ゴシゴシやるのだが、これがけっこう力のいる大仕事で腕が疲れる。この話をしていた時、男の友人が「女房がタナカをこするシャッシャッという音で毎朝目が覚める」と言った。きっと彼は苦情を言っているつもりだったのだろうが、「母さんの包丁の音で起きる朝」のような、なんとも風流な話に聞こえた。

1904年に建てられた植民地時代の商社のゲストハウスを利用したティリミャイン・ホテル。何が好評かと聞くと「バスタブがついているので喜ばれます」とのことだった。

■ **ピンウーリン**　Pyin OoLwin（メイミョMaymyo）／Mandalay Division（マンダレー管区）

「マンダレーに行くならメイミョに行かなくっちゃね」。ビルマ人は古都巡りより、まず高原の避暑地に行きたがる。イギリスの洋館が残るこの清楚な町は外国人旅行者にも人気が高い。今は"ピンウーリン"という地名になっているが、前の"メイミョ"と言っても通じる。"メイミョ"は英国人メイ将軍にちなんだ"メイさんの町"という意味だ。

　マンダレーから車をチャーターして行ったのだが、1000m以上ある高原に向かって、いろは坂のような坂を1つ上がるごとに風が澄んで涼しくなっていく気がした。植民地時代にイギリス人がこぞって別荘を建てた時、使用人にインド人を同伴した名残か、インド系の人が多い。昼食時、地元の人にうまい店をたずねたときも、口を揃えて勧められたのが786のインド料理店。786ってなんだろう？「知らなかったの？　ムスリムの意味だよ。お酒やブタ肉はメニューにないんだ」とのこと。改めて通りを見回したら店の看板に"786"がなんと多いことか。

　早朝に、町の中心から植民地時代の洋館を再利用したティリミャイ

ガンダマーミャインも1903年建造の洋館を利用した宿。設備は古いが、手入れは行き届き、イギリスの田舎のB&Bの雰囲気がある。丁寧なスタッフのもてなしもいい。

一大観光スポット洞窟寺院ペイチンミャウンPeikChin Myaung。滝の奥には奥行600mもの鍾乳洞があり、仏陀伝のジオラマなどが数多く納められている。町中から車で約20分。

国立カンドジー植物園National Kandawgyi Gardenは、湖を中心とした広大な植物園でバラ園、ラン園なども充実。年間を通してさまざまな花を鑑賞できるピクニックスポット。

ン・ホテルThiri Myaing Hotelまで馬車に乗った。ミャンマーでもっとも暑い5月だというのに半袖では肌寒いほどだ。ユーカリの葉が香る清々しい空気と、ポッカポッカというひづめの音に気持ちがなごんだ。

　チーク材を贅沢に使ったティリミャインは、重厚でエレガントな趣が評判で、この日も満室だった。1階のレストランの白いクロスがかかったテーブルで久しぶりのブラックコーヒーを味わって帰る。しかし戻る足が見つからない。タクシーも馬車も、もちろん送迎サービスもなく、結局30分以上歩いて町中へ戻った。不便も旅の醍醐味としよう。おかげで古い洋館を利用した学校や、ガンダマーミャイン・ホテルGandamar Myaing Hotelなど絵になる風景に目を遊ばせた。

◆アクセス
バス／ピックアップ：マンダレー27thと83thの間、28thと83thの角のバスターミナルからピックアップが運行。2時間半〜3時間。後部座席500K、助手席1000K。車を1日チャーターした場合、ガソリン代込みで2万Kほど。
鉄道：マンダレーを早朝4時半に発つ。メイミョまでは3〜5時間、4FEC。ティボー、ラショーまで続くこの路線は、ゴチック橋が有名。

穏やかな気候を利用してイチゴの栽培が盛んなメイミョで、果実はもとよりイチゴのワイン、ジャムなどが観光地の道ばたを彩る。注：イチゴワインはおすすめできない。

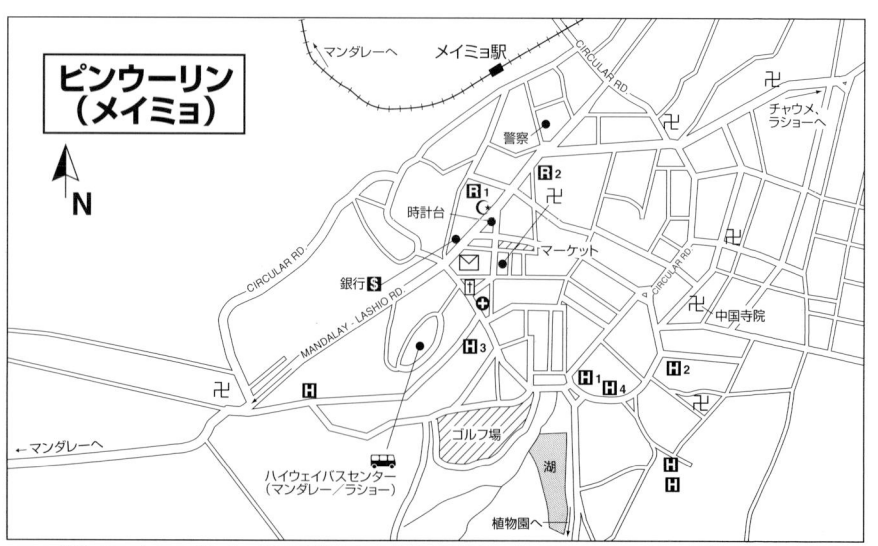

H1 Gandamar Myaing Hotel 6FEC〜　**H**2 Thiri Myaing Hotel 24FEC〜　**H**3 Grace Hotel 10FEC　**H**4 Royal Park View Hotel 30FEC〜　**R**1 Familyインド　**R**2 Lay Ngoon中華

かつてティボーの藩主らがチャウメに避暑地用別荘を建てたと聞いた。確かに朝夕は涼しい。私はミャンマーで一番暑い5月に訪れたのに、町の人にセーターを借りて夜を過ごした。

■チャウメ　Kyaukme／Shan State（シャン州）

良質なお茶っぱが取れる山々を背後に控えた町チャウメは、ミャンマー人がおつまみやおかずとして好む"食べるお茶"の「ラペソー」と、飲むお茶「ラペチャウ」の一大集散地である。

「ここには月に1、2回来るんだ。いいラペチャウは黒く艶があって、大きさがきれいに揃っているもの。味は苦味が強いものがいい。ミャンマーにはいい薬といいお茶は口に苦しっていうことわざもあるんだよ」とヤンゴンから買い付けに来ていた男性が教えてくれた。

顔見知りになった町の喫茶店で、自慢の"極上のお茶"をいただいた。その年初めての雨が降る4月の水かけ祭の前に摘んだ葉で作るシュエピーという茶。葉を指でひとつまみコップに入れ、熱湯をそそぐ。うっすらと黄みがかったお茶を飲むと、かなり渋い。「この渋みが極上の味わいなのだ」と店主は胸を張った。飲み終わるとどんどん湯を注いでくれる。飲み過ぎて、たぷたぷしたお腹を抱えて、散策に出た。

古い構えの店が並ぶ一角。木造のテラスの彫刻の美しさに引かれ、足

お茶問屋の店先。軒下の絵は「昔、お茶を牛に背負わせて運んだ様子だ」と店の人。だが茶畑の広がる山道で、実際同じような光景に出くわした。車が通れない山道では牛や馬は今も健在。

を踏み入れた店は「100余年前からの茶の卸問屋だ」と、初老の店主が言った。彼は「いいものを見せる」と、店の奥の柱を指した。柱にはひとすじの凹みがあり、日本軍の銃弾がかすった跡だとのこと。「第2次大戦中はチャウメにも日本軍の駐屯地があり、撃ち合いも激しかったよ」と、側にいた女性に目配せをした。

　たいていの旅行者はチャウメを素通りしてしまうが、実にもったいないと思う。とはいえ、宿があっても狭く、設備も整っておらず、おすすめできない。なのでメイミョから車を借り、ティボーThibawに行く途中、数時間立ち寄るのが理想だ。どっしりした木造建築が並び、古色蒼然といった落ち着きがあって、なかなか忘れがたい町になるだろう。

◆アクセス
バス／ピックアップ：路線バスは、メイミョ——ラショーのバスを利用し途中下車。マンダレー、メイミョからピックアップが運行。マンダレーからは約7時間、メイミョからは約3時間。前後で4人の客を載せるバンを利用すると助手席が6000K、後部席4000K。
鉄道：マンダレーから9時間、メイミョから8時間ほど。バスのほうが断然速い。

お茶の問屋で。お茶のサンプルをざるに入れ、産地、生産者などの名前を書き込んだ札を見ながら、匂いや色つやを確認する店員。店先にはお茶を試飲できるテーブルも。

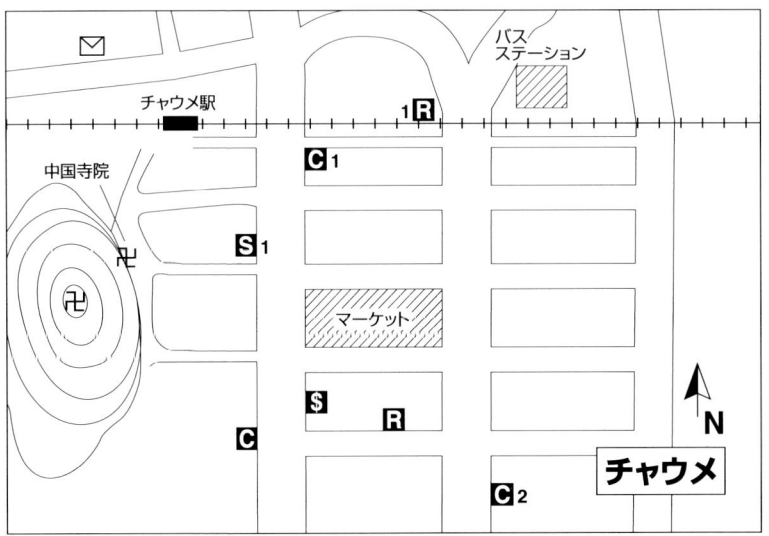

R1 San Pya中華　**C**1 Min Tein Tea House　**C**2 Aung San Tea House　**S**1 お茶問屋
＊比率は正確ではない

朝の喫茶店風景。甘い紅茶を飲んでから、ポットからお茶を注いで飲む。そうしている間に周辺の友人知人がやあやあと席に加わったり去ったりして、挨拶や情報を交わす場所ともなる。

✿飲むお茶・食べるお茶

　ミャンマーでは、朝から晩まで1日としてラペ（茶）を飲食しない日はない。お茶には大きく分けて、①砂糖や練乳をたっぷり入れた甘い紅茶（ラペイエ）と、②普通のお茶（ラペイエジャン）、そして③漬け物（ラペソー）の3つがある。

　朝の始まりは①紅茶。朝は外食というスタイルが定着しているミャンマーでは、家族、友人誘いあって喫茶店でイチャクエ(細長い揚げパン)やサモサ（インド風揚げギョーザ）などを食べ、紅茶を飲む。大人も子どもも細長いイチャクエを紅茶に浸けて食べる。これがうまい。

　「朝食っていったらやっぱモヘガ（ナマズのスープをかけて食べる麺）でしょ」という人も、やはり食べ終わった後に紅茶を1杯。

　そして、紅茶を飲んで、砂糖でベタベタになった口を洗い流すのに、②お茶を飲む。さらにお昼になり、油っこくニンニクが効いた料理を食べた後にも、お茶は必須だ。家でも店でもお茶の入ったポットやヤカンと、湯のみ茶わんが卓上に常備され、いつでも、好きなだけ飲んでいい。

食べるお茶のサラダ（ラペトウッ）は、お茶の漬け物と豆、野菜などを全部入れて、手で混ぜ合わせて作る。もちろんできたてがナッツやニンニクの揚げ物も香ばしく一番おいしい。

味は、ウーロン茶風や番茶風とさまざまだが、みんな味はたいして気にしていない。ただガブガブ飲む。

　午後のお茶の時間になると、お供として出てくるのがお茶の漬け物のサラダ（ラペトウッ）だ。ラペトウッは、ご飯のおかずに、お茶やビールのつまみに、また、おもてなし、冠婚葬祭の場でといろんなところで登場する食べ物で、家庭には常備してあり、屋台や店でも食べられる。

　このサラダを作るのに使う③お茶の漬け物（ラペソー）は、蒸したお茶っぱを密閉して数カ月寝かせ、発酵させたもので、食べる時はショウが、ピーナッツ油、ニンニク、塩、レモンなどで味付けし、ゴマ、ピーナッツ、揚げたニンニク、干しえび、さらに刻んだトマトやキャベツなどいろんなものを混ぜて作る。食べると、お茶の葉のわずかに残る渋みや苦味に、ピーナッツ油のまろやかさ、野菜のみずみずしさ、ゴマやピーナッツの香ばしさが絶妙にからみ合って、実にいけるのだ。

　夕食の後にデザートとしてもよく出されるので、お茶を飲みながらまたお茶のサラダを食べる。そしてまた朝を迎え、紅茶を飲む…。

各地からの長距離バスが発着するニャウンウーのバスターミナル。バガンの主な観光の足になる馬車がたむろしている。馬車を1日チャーターすると約5 FECまたは2500K前後。

バガン

■ニャウンウー　Nyaung Oo／Mandalay Division（マンダレー管区）
バガン観光の拠点となるのがバガン北部にあるニャウンウーの町だ。マンダレーとバガンを結ぶ船が発着する船着場からバガン・ニャウンウー道路が、町を分けるようにオールドバガン、ニューバガンへ続く。この通りを中心に中級から格安までのホテルや、ビルマ料理はもちろん外国人向けのイタリアン、フレンチ、日本食レストランが点在する。

　バガンの遺跡巡りはここから乗り物を借りて回るのがポピュラー。安さでいえば、小回りのきく自転車（1日約200K）がいいだろうが、バガンの暑さは尋常ではないので、馬車か車をチャーターするのが賢明だ。

　市内の見どころとしては、ビルマ統一王朝初代王のアノーヤターがタトーン征服後に着手したシュエズィーゴン・パゴダShwezigon Payaがある。仏舎利が納められた釣り鐘型の大塔で、精霊信仰ナッの祠を併設してある。今はそれも当たり前だが、当時としては画期的だった。これ

ミンガラーゼーディ・パゴダMingalazediは外壁に設けられた階段を上って周囲の景観を楽しめる。これが完成すると国が滅ぼされると言われた予言が的中したいわくつきのパゴダだ。

レンガを運ぶ牛車が、朝焼けに色づいてきたオールドバガンを、ゴトゴトと進む。背後に並ぶパゴダと同じ色のレンガは朽ち果てたパゴダを修復するのに使われる。

は、仏教徒に改心したアノーヤター王が上座仏教を広く布教させる手段として土着信仰のナッを仏教の守護神としたのだ。それから今に至るまでパゴダには仏陀とナッが同居している。

◆アクセス
バス／ピックアップ：ヤンゴンのソバジーゴン・ハイウェイバスセンターSawbwagyigon-Highway Bus Centerから夜行バスが運行。15時間、2500〜3000K。マンダレーからは82thと32th間のバス停から長距離バスが毎日3本運行。7〜8時間で1500〜2000K。マンダレーからのミニバスは650K。
鉄道：ヤンゴンからバゴー経由とアウンラン経由の1日2本の直通があり、19時間、upper31FEC、ordinaryは11FEC。マンダレーからも1本、upperは9FEC、ordinary 4FEC。ニャウンウーの駅から町の中心へはタクシーで700〜1000K。
飛行機：ヤンゴン、マンダレー、ヘーホーから各航空会社が運行。ヤンゴンからは毎日5〜6本の便があり、1時間15分、80〜128FEC。マンダレーからは毎日4本前後あり、30分、35〜48FEC。ヘーホーからも毎日便があり65〜80FEC。ニャウンウーの空港から町まではタクシーで10分弱。
船：マンダレーからのフェリーは旅行者に人気が高い。エクスプレスボートが月火木金土の朝6時発、午後3時着。MTTでチケットを買うと18FEC。35stのIWT（Inland Water Transport）だと16FEC。レギュラーボートは日水の朝5時半発、夜7時半着。デッキ11FEC、キャビン33FEC。

タビンニュ寺院の入り口の土産屋。スモモ、ピーナッツ、小さな食用の花などバガンの名物が売られている。タマリンドの木の実を砂糖と混ぜた甘酸っぱい菓子は、土産におすすめ。

■バガン　Bagan／Mandalay Division（マンダレー管区）

　朝焼けのバガンを見るために、未明にニャウンウーのホテルを出て、白みがかった道をオールドバガンへ向かった。四角形の基壇が5層になり最上段へ続く階段があるシュエサンドー・パゴダは、バガン一円を眺めるのに最適だ。しかし階段はかなり急で、やや怖い。上にはすでに欧米人3人と日本人2人がご来光を待っていた。見渡す限りの平らな褐色の大地には、大小のパゴダが無数に散らばっている。北には金色の尖塔のアーナンダ寺院、北西にはエーヤワディの流れを背景に建つ白いガドーパリン寺院、赤茶色のミンガラーゼディ・パゴダが南西の方角を教える。

　小さな太陽がダマヤンジー寺院の後方に顔を出したら、周辺はみるみる赤く染まり、レンガ造りのパゴダ群は朽ち葉色に色づき輝き出した。カンボジアのアンコール、インドネシアのボロブドゥールとともに世界三大仏教遺跡に数えられるバガンの夜明けだ。遡ること1000年の昔に、ここに栄華を極めた王朝が息を吹き返すかのような一瞬。

　10世紀前後に、北方から南下してきたビルマ族が、この一帯に勢力を

タラバ門Tharabha Gateは9世紀に築かれた城壁の一部で、周囲には深緑の水を湛えた堀も残っている。ニャウンウー〜オールドバガンを結ぶ通りにあり、今も1日中往来が激しい。

張っていたピュー族に取って代わり、1044年にアノーヤター王のもとに、ビルマ最初の統一国家パガン王朝を築いた。アノーヤターは治世33年ほどの間に、国土の大半を支配下に治めた凄腕の王だ。また彼はモン族の僧シン・アラハンの布教で、上座仏教に帰依。その旺盛な探究心から「仏教の聖典を譲ってくれ」と、古来からインドの上座仏教を受け入れていたタトン（024ページ参照）の宮廷に求めた。だが、モン族王マヌハが要求をはねつけたため、1057年にタトンを攻略。聖典はもちろん、王や高官、職人、さらに師のシン・アラハンら僧侶たちをバガンに連行した。恩を仇で返したアノーヤターだが、これによりモン族の高度な文化芸術がもたらされ、バガンの繁栄がはじまった。

　上座仏教は庶民にも流伝した。「王は当時のアリー教の教僧を嫌悪していた。だって彼らは、新婚初夜の花嫁に洗礼とか言ってひどいことをしていたらしいから」と歴史に詳しい友人が言う。アノーヤターは、そんな受け入れがたい説教のアリー教や、複数の宗教の要素が入り混じった仏教の教えを一掃。12世紀7代目の王の時代には、留学僧がセイロンか

バガン王朝がもっとも充実した時に作らたアーナンダ寺院。本堂の中央には東西南北に1体ずつ高さ9.5mの仏立像が置かれ、絶えず訪れる参拝者を見下ろしている。

安定感のある構えで、圧倒的な貫禄を誇るダマヤンジー寺院。とはいえ血に汚れた権力争いの末、寺院建設を始めた王も暗殺されたため、未完成状態。幽霊が出るという噂も。

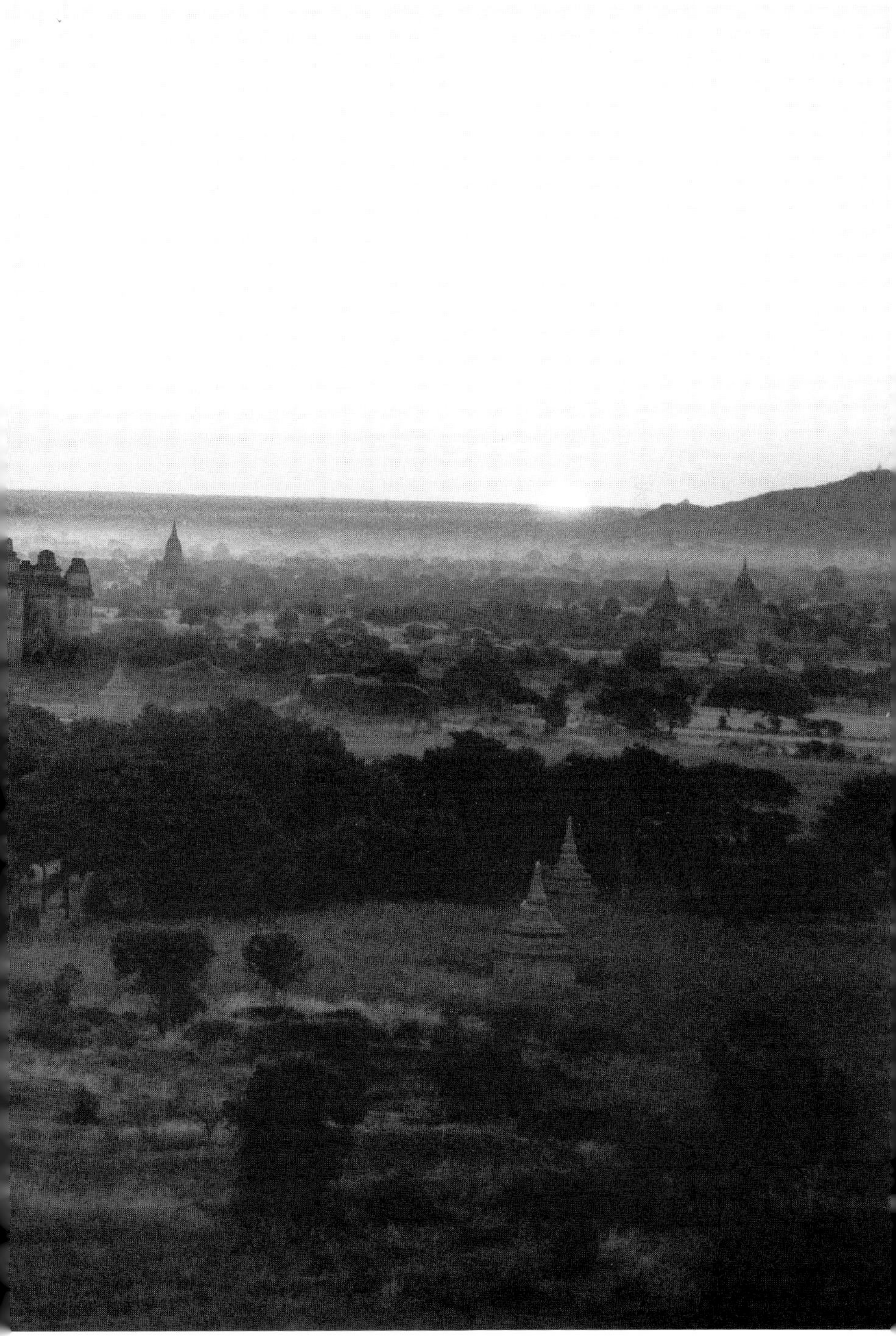

ガドーパリン寺院Gawdawpalinは高さ55mで、最高のタビニュ寺院61mに次ぐ。12世紀末に7代ナラパティシードゥー王が先祖の霊を祀るために建造。

ら帰国したことで、今に伝わるよりピュアな上座仏教が広まった。
　バガン王朝の繁栄は、その後の2世紀半に及び、その間最盛期には5000を越える仏塔などが建てられた。「王様や有力者たちは功徳を積むため、先祖の慰霊など、いろんな理由でパゴダを造ったんだ」。だが仏塔建立競争の過熱、繰り返される土地や奴隷の寄贈により、資金の浪費がエスカレートしたのだろう、経済は疲弊し、国力が衰退。追い討ちをかけられた形で元に滅ぼされ、栄華を再び取り戻すことはなかった。
　現在の"バガン"と呼ばれるエリアには、ホテルや店が集まるニャウンウーと、遺跡が集中するオールドバガン、地域最南のニューバガン、そのほかミンカバ、ミンナトゥ、プワソーなど小さな村などが含まれており、各地域は2〜4kmの距離がある。そこに点在する遺跡は2000余りだが、名所は20〜30カ所。じっくり見るなら2〜3日は欲しい。団体は大型バスでスポットを回るが、個人なら車や馬車をチャーターするか、自転車をレンタルするかして観光する。自転車で回るのは欧米人に多いが、カンカン照りの猛暑のなかペダルを踏むのは、かなり厳しい。

ニューバガンにあるグービャウジー寺院Gubyaukgyi。中にはフレスコ画が残っていて一見の価値がある。隣接するミヤゼディ・パゴダでは、最古のビルマ語碑文が発掘され、展示されている。

　パゴダ巡りでは、勇壮堅固な造りや、優美な仏像や浮き彫りの数々、フレスコ画の宗教絵画など、優れた仏教美術の粋にどっぷり浸れる。個人的な好みでは、アーナンダ寺院Anandaは、仏立像以上に、回廊の壁面にはめ込まれた砂岩の浮き彫りの彫刻の数々が魅力。外装内装ともに繊細な建築美が堪能できるのはティーローミンロー寺院。フレスコ画が味わい深いのはスラマニ、ペヤトンズ、グービャウジーの寺院だ。無気味さならダマヤンジー寺院Dhammayangyiか。薄暗くひんやりした回廊の天井にコウモリの群れがぶら下がっており、チュチュチュチュ鳴きながら突如旋回してきた時には思わずしゃがみ込んだ。
　寺院を巡って気になったのは、土産物屋の数の多さだ。壁画を写した生地、特産の漆器、木彫りの人形や骨董品、伝統芸能の操り人形…あらゆる土産品が、あちこちの境内にあふれ返っていた。極め付けはガドーパリン寺院。ほんの10m足らずの参道両脇に出店がびっしり並び、ブランドの中古時計、香水、中古カメラ、ライター、懐中電灯などが売られ、ほとんどミニ・アメ横状態。5年前には、漆器を売る露店があれば珍し

バガン　Bagan／Mandalay Division

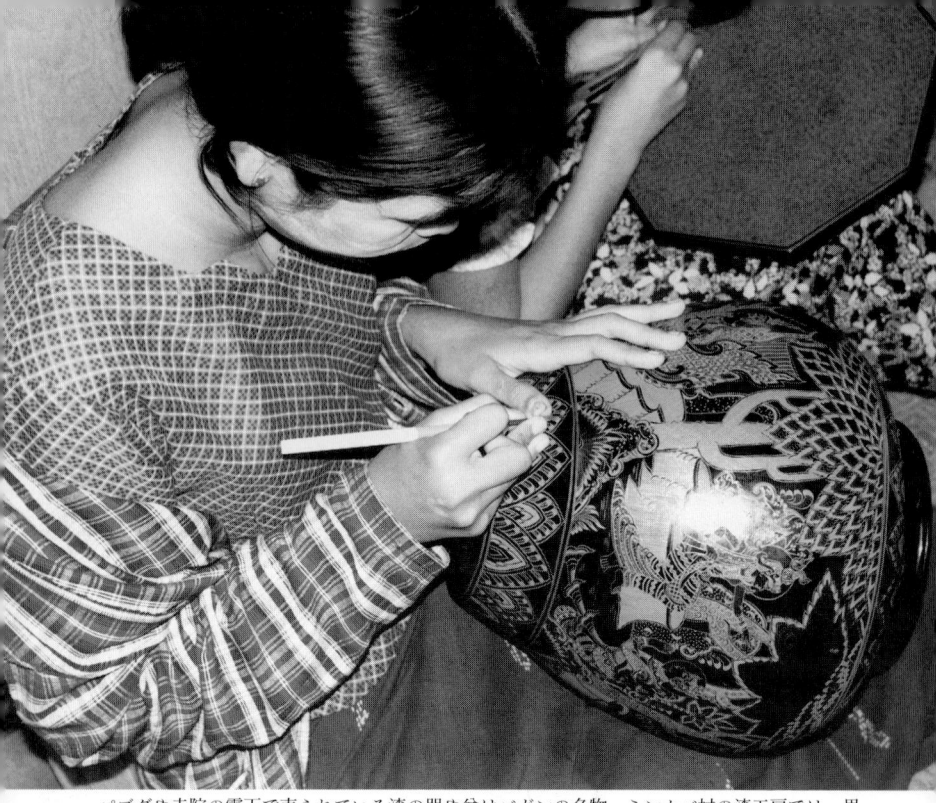

パゴダや寺院の露天で売られている漆の器や盆はバガンの名物。ミンカバ村の漆工房では、男性の職人が手でベースとなる漆を塗り、女性たちが細かい模様をていねいに彫っていた。

いほどだったのに、ずいぶん様変わりしたものだ。

　かつてマルコ・ポーロが記した「ミエン（バガン）王国の首都でりっぱな大都会」は、当時を物語るりっぱな遺跡こそあれ、都市の名残は感じられない。日中は40℃を越え、土さえ砂のように乾き、人が憩える大木の木陰もないのだから。「昔はエーヤワディの水にうるおされた肥沃な土地だったから、ここに王国が築かれたんだけどね。でも王たちが寺院建造にやっきになって、材料のレンガを焼くために木をかたっぱしから切って燃料にしたんだ」。それで半砂漠状態になったのか。

　しかし、とにかく暑くて体力を消耗する。3つ4つ…と遺跡を見て行くと、車に乗ったり降りたりするのにも体が重くなる。うまく休息を挟んで観光したいものだ。また境内への入場は裸足なので、昼間の炎天下では石やレンガの足下は焼けるほど熱く、跳んで歩くはめになる。調整できるなら早朝から10時ごろまでと、日が傾く4時〜6時ごろに精力的に動くのがいい。また懐中電灯があると建物の内装や壁画を楽しめる。それから飲み水、帽子、サングラスのご用意を。

122　中部ミャンマー

かつて、王の妃はプワソー村からと言われるほど美人が多かったというプワソー村。なるほど69歳の女性もりんとして美しい。9人の家族の一員で糸を紡いで生計を助けているという。

ガドーパリンと同じナラパティシードゥー王によって建てられたスラマニ寺院Sulamani。釈迦の物語りや昔の風俗、宮廷生活の様子などを描いたフレスコ画がみものだ。

3つの祠がくっついて、その名前も「3つの寺」を意味するペヤトンズ寺院Payathonzu。
内部には過去仏27仏や成道図、動植物などさまざまなフレスコ画が残る。

バガン

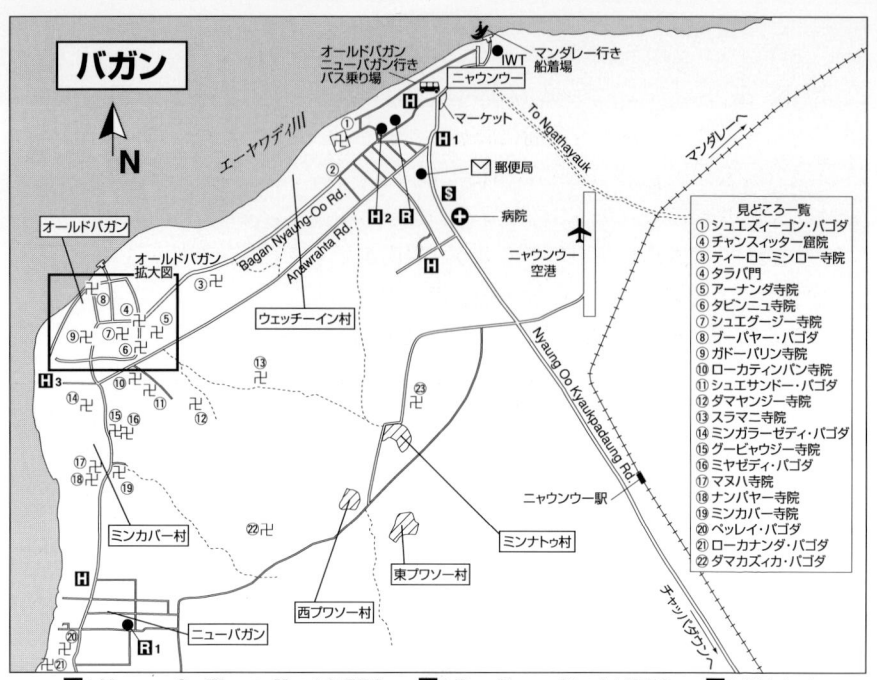

見どころ一覧
① シュエズィーゴン・パゴダ
④ チャンスィッター窟院
③ ティーローミンロー寺院
④ タラバ門
⑤ アーナンダ寺院
⑥ タビニュ寺院
⑦ シュエグージー寺院
⑧ ブーパヤー・パゴダ
⑨ ガドーパリン寺院
⑩ ローカティンパン寺院
⑪ シュエサンドー・パゴダ
⑫ ダマヤンジー寺院
⑬ スラマニ寺院
⑭ ミンガラーゼディ・パゴダ
⑮ グービャウジー寺院
⑯ ミヤゼディ・パゴダ
⑰ マヌハ寺院
⑱ ナンパヤー寺院
⑲ ミンカバー寺院
⑳ ベッレイ・パゴダ
㉑ ローカナンダ・パゴダ
㉒ ダマカズィカ・パゴダ

H1 Nyaung Oo Thante Hotel 24FEC〜　H2 Pan Cherry Hotel 10FEC〜　H3 Thiripyitsaya Sakura Hotel 120 FEC　R1 Pwint Mar Lar ビルマ

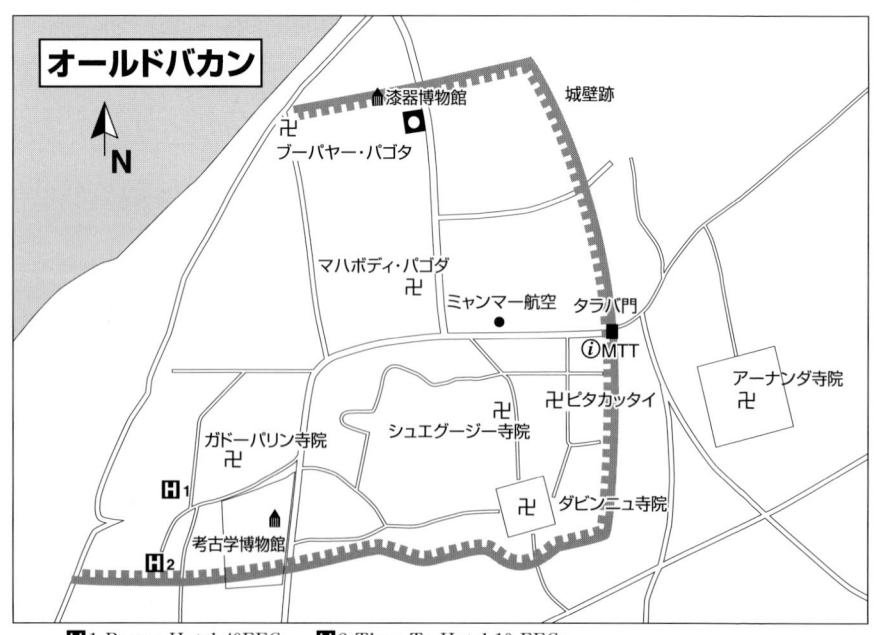

オールドバガン

H1 Bagan Hotel 40FEC〜　H2 Than Te Hotel 10 FEC〜

■ポパ山　Mt. Popa／Mandalay Division（マンダレー管区）

メイッティラからバガン方面に向かって車で3時間。分岐点のチャウッパダウンKyaukpadaungから右に折れ、深緑のじゅうたんを敷いたような丘陵が広がるミンジャン平原を眺めながら埃っぽい一本道を進むと、太鼓腹から突き出した出べそのような岩山が見えてくる。これがミャンマーの精霊信仰"ナッ"の総本山、ポパ山だ。

麓から山頂まで800近い石段が続く。上りはじめは、仏陀伝を再現したジオラマを眺めたり、土産屋などを冷やかしながら楽しく進めるが、中腹を過ぎるあたりから傾斜も激しくなり、息が切れる。はしごでよじ上るほどの岩場もあって、目がくらむうえ、しばしばトタン屋根の上を野猿らがガシャガシャンッと走り抜けたりするので、ドキッとさせられる。ハードな道のりなので、上る時は軽装で。それから、ナッをよく信じる友人によると「赤や黒い服はダメ、人の悪口や汚い言葉もダメ、肉を持っていくこともダメ。約束を破るとポパのナッが怒って、仕返しに悪運をもたらすんだって」ということなので、ご注意を。

山頂には白壁で金の尖塔を持った寺院が連なっている。この天界のお伽の国といった風情は見過ごしがたい。兄妹のナッ、マハーギリ・ナッとフナーマードーをはじめとする37のナッを祀るマハーギリの祠のほか、仏陀やウェイザー(超能力者)を祀った廟などがいくつもある。訪れた人は祠を回り、仏陀やナッ神、ウェイザーなど自分の好きなところで手を合わせる。祠に並ぶその像のリアルでキッチュな表情もさることながら、ナッの総本山でありながら、複数の信仰の師を甲乙もつけずに祀ってあることが、この国の宗教の多様さ、ユニークさ、そして懐の広さ、おおらかさを感じさせる。今ほとんどのミャンマー人が信仰している上座仏教は、11世紀にアノーヤター王が広めたのだが、そのとき古くからあったナッ信仰をうまく組み込んで、効果的に仏教への移行を促した。今も確かに日々の暮らしに仏教とナッ信仰は共存している。仏教では功徳を積んだり、瞑想などで心の浄化に勤しむのに対し、ナッ信仰は、商売繁盛、家内安全など、より暮らしに密着した具体的な願望成就のために用いられる。ナッこそ、"困ったときの神頼み"の神なのである。

◆アクセス
バス／ピックアップ：ニャウンウーから直通バスが運行。朝8時発。2時間、160K。
ターズィまたはマンダレーからのバスをポパで下車する手もある。バガンからタクシーで往復することも可能だ。片道2時間で往復20FEC前後。

"ポパ"はサンスクリット語で"花"。ポパ山は紀元前に活動を停止しているが、火山灰土には多種の木草花が根を下ろし、昔は象や虎さえも闊歩していたという、まさに花園。

ポパ山に祭られているナッ神ポパ・メードージー（ポパの母の意）の像。ポパ山には、ここにこもって修行したウェイザー・ボーミンガウンの像も祀られており信仰を集めている。

■メイッティラ　Meiktila／Mandalay Division（マンダレー管区）

ヤンゴン——マンダレー、バガン——タウンジーを結ぶ幹線道路の十字路、ミャンマーの国土のほぼ真ん中にあるメイッティラは、昔から交通の要衝であり、ヤンゴンから大型バスでバガンやマンダレーに向かうツアーの外国人旅行者のほとんどは、メイッティラで昼食・休憩をとってから先を急ぐ。

だが時間が許せば、ぐるりと見て回る価値がある。メイッティラは、第2次世界大戦で日本軍と連合軍との激戦が繰り返された場所であり、バガン王朝時代の静養地としての趣は失ってしまった。また近年1991年にも大火事があり、町の大半が焼失している。火災後に建て直された町は、レストランが点在するハイウェイの大通りと、小さな商店が連なるパンチェリー通り、パンチャン通りが主な通りで、パステルカラーの家が連なり、こぢんまりとして小1時間の散策にちょうどいい。小さなアンタカ水中寺院Antaka Yele Payaが浮かぶメイッティラ湖畔は、木造の細い橋を渡って湖上のパゴダに参拝するなど、太陽が沈むころにブラブラするのがおすすめだ。

「このメイッティラ湖は、昔から水草が生えないし、魚が住みつかないって言われているけどホントかな」とマンダレー育ちの友人が首をひねる。だがとにかく、この水は、古くはバガンのアノーヤターの時代から灌漑用水として利用されてきたのは本当らしい。

水中寺院から北に数mのところには、ナガヨン・パゴダNagayoun Payaがある。パゴダの入口のプレートには、日本語で、第2次大戦でのすべての戦死者を弔い、永久の平和を願ってこの仏塔を捧げるとあった。メイッティラの市街戦では、双方の兵士に加え、現地の人々の多くが犠牲になった。にもかかわらず、傷ついた日本兵の手当てをしてくれたビルマ人に感謝を込めて、戦友会や遺族らによって再建され、ナガヨンマハボディ・パゴダ世界平和供養塔として生まれ変わったのである。

激戦地だったこの地には、ナガヨン以外にも慰霊碑が建てられており、戦没者の供養に日本からの参拝者も絶えることがない。

◆アクセス
バス／ピックアップ：バガンから朝5時発のタウンジー行きに乗り、メイッティラで下車。またはバガンからピックアップでチャウッパダウンKyaukpadaungへ行き、メイッティラ行きに乗り換えてもいい。バガンからタクシーで2時間半ほどで25FEC程度。ヤンゴン、マンダレーからは両都市を結ぶバスに乗って途中下車する。

マンダレー、タウングー方面から、湖にかかる橋を渡ってメイッティラ市街に入る。この町は東西南北を陸路で結ぶ交通の要所なので、路線バスやトラックなどが頻繁に行き交う。

メイッティラで一番有名なビルマ料理の店シュエオンピンShwe Ohn Pin。オーナーが中国人のせいか中華風のアレンジがきいていて、まずどの料理を頼んでもおいしい。

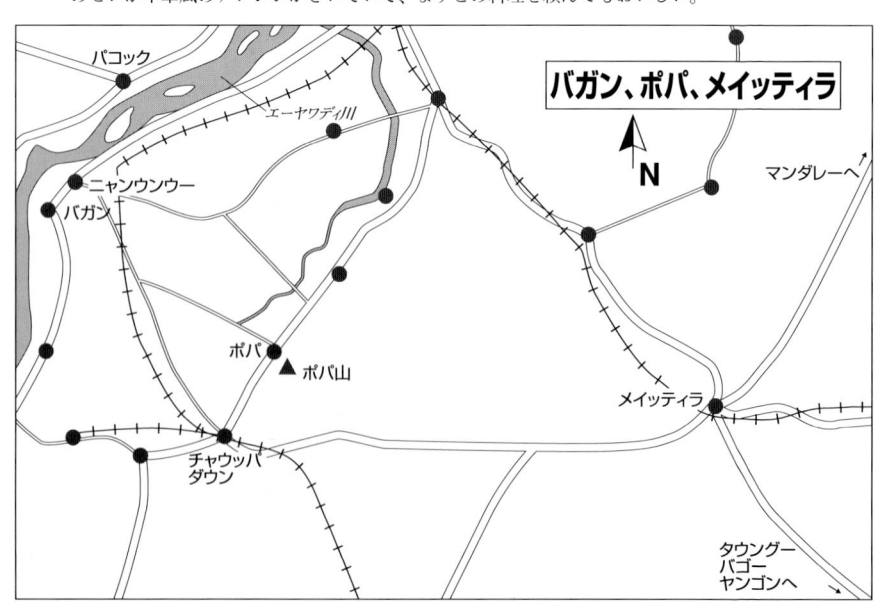

小さな町では馴染みの物売りがしょっちゅう民家に訪れる。油で炒めた煮豆、小豆の入った餅菓子、ココナッツをかけて食べる赤飯、家にいながらあらゆる菓子を食べられるのが楽しい。

■タウングー　Taungoo／Bago Division（バゴー管区）

日本の旅行者にとってタウングーは、ヤンゴン──マンダレーの列車の停車駅程度の印象の町だろう。私はたまたま親戚がいるため再三訪れているが、このミドルサイズの田舎の町は、かつては第2バガン王朝と称されたタウングー王朝の王都で、市街の外れには高さ約5m、厚さ30cmものツタの絡まるレンガの壁がある。サイカーの男が「城壁の跡だよ、欧米人は王朝跡をけっこう見に来る」と教えてくれた。

町には市場、映画館、喫茶店などがあり、賑わっている。見どころは市街の西にあるシュエサンドー・パゴダ。境内には歴代7人の王のマネキンがある。夕暮れにはレイジャン（カンドジ）湖がおすすめ。

◆アクセス
鉄道：ヤンゴン──マンダレーを結ぶ鉄道を途中下車（マンダレーのアクセス084ページを参照）。ヤンゴン──タウングーは所要6時間、料金ordinary 6 FEC、upper18FEC。マンダレー──タウングーは8時間、ordinary 7 FEC、upper18FEC。
バス：ピックアップ：ヤンゴン──マンダレー／タウングーを結ぶ長距離バスを途中下車するのが一般的。所要時間8時間～で、料金は1500～2000K。

親戚の家が懇意にしている僧院の僧侶。以前私は一時出家をし、特別この僧侶のもとで指導を受けた。タウングーへ行くと必ず挨拶に出向き、もろもろの人生相談にのってもらう。

北部ミャンマー

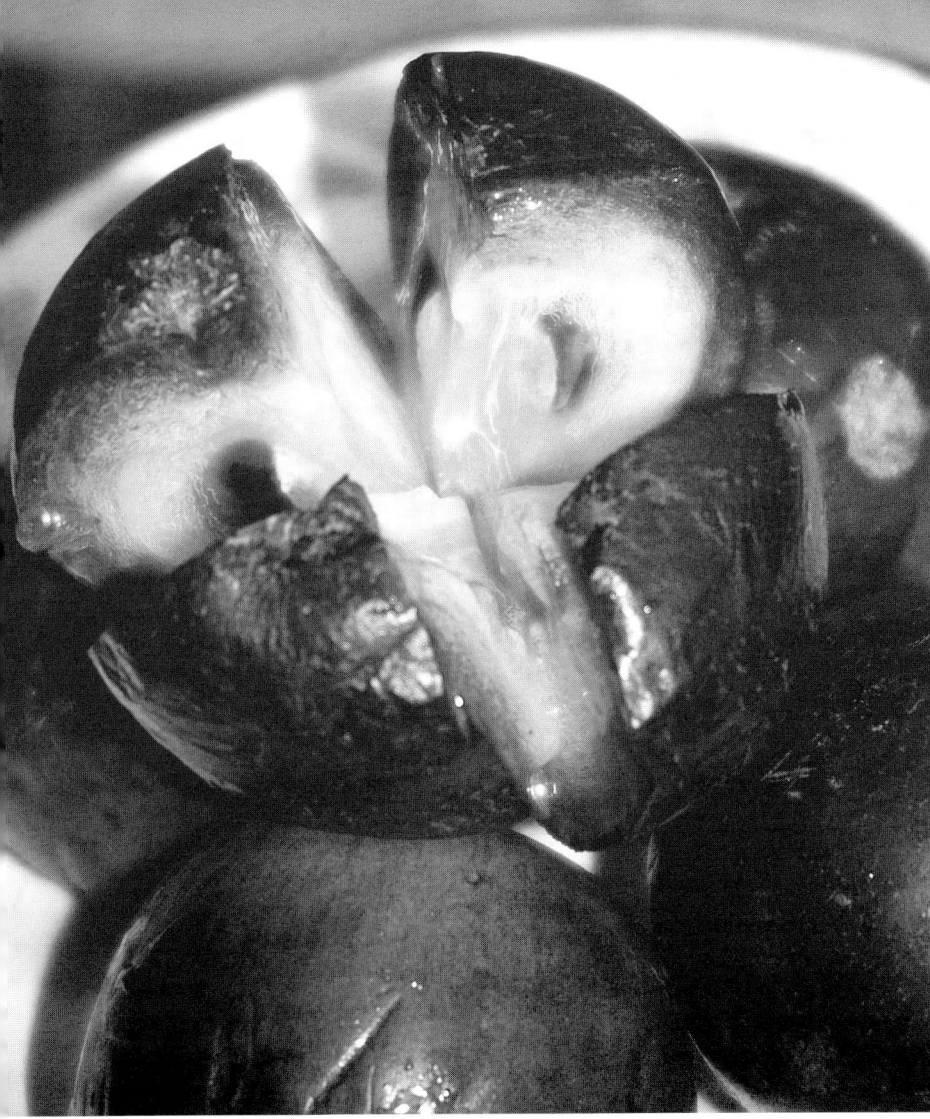

「砂糖の果物」とも呼ばれ、まさに砂糖のゼリーのような極甘のスターアップル。この果物のほかにも、ミャンマーでは辺境の地ミッチナーでしか食べられない野菜も数種類ある。

極上米カッチョー米を使った麺の朝食。このメニューはミシェと呼ばれる中国・シャン料理だが、粘り気が強く、腰があるカッチョー米粉使用の麺が特徴で、ミッチナー名物になっている。

ミッチナー

■ミッチナー　Myitkyina／Kachin State（カチン州）

　ミッチナーはミャンマー最北のカチン州の州都。ミッチナーまでの50分のフライトでは、眼下に緩やかな起伏の山々の谷間をぬって流れるエーヤワディ川が見え隠れする。"ミッチナー"とは"大河のほとり"といった意で、エーヤワディ河岸に広がる町の名にふさわしい。

　ミッチナーはミャンマーでもとりあえず北なのだから、少しは涼しいだろうと思っていた。だが夏はヤンゴンと同じように暑く、雨季には雨量も多い。ところが冬季はぐっと涼しく、こうした寒暖の差がある気候は米作りに適しているらしい。近隣のカッチョー村で取れる米は極上米として知られ、「VIPがお取り寄せで食べるんだぞ」と聞いた。

　この町は連なる山や川によって近隣の都市から隔てられているためか、甘い果実のスターアップルや、節のある昆虫の足のような形状のヘンピンユエという香り高い葉っぱなど、珍しい産物が少なくない。こうした

エーヤワディ川の流れで、転がされて丸くなった石を使って建てられた教会Geis　Memorial Church 1897。民家の壁や塀、道路にも丸石が使用されているのが目だつ町だ。

　特産のハーブや野菜をふんだんに入れて作るカチン料理は、油が控えめで、ピリリと辛みが効いているのが特徴で、これがまた最高。
　日が落ちてから知人と町を歩いた。あちこちの家の入り口や窓の横に、白い十字架がかかっており、時折、賛美歌が聞こえてきた。ミャンマーではほかにはない光景だが、ここは人口90万人の半分近くをカチン族（ジンポー族）が占めるカチン州。カチン族は古くは精霊信仰が中心だったが、アメリカ人宣教師が布教活動を行なった結果、約8割がクリスチャンに改宗した。そして今、賛美歌が響く町となったのである。
　とっぷり日が暮れてから家路についたが、困ったことに街灯がついてなく、コケずには歩けない。州都とはいえ「電気は1週間に2度来ればいいほうだ。ま、わしの家は自家発電だから問題ないがね」と言いながら、知人は歩き慣れた道をさっさと歩くが…。生活水は井戸水なのも辺境の町らしい。電気で汲み上げるので不便はなく、飲み水としては井戸水は、まろやかでおいしかった。
　翌日、炎天下の悪路を行くこと3時間、エーヤワディ川の始点ミッソ

ミャンマーを縦断するエーヤワディ川の始点ミッソン。左はプータオ方面からのマリ川が、右前方からはミャンマー最高峰のカカボラジを源流にしたンマイ川が激しく流れ込んでいる。

ンへ足を伸ばした。川を見下ろす高台には10軒ほどのレストランが軒を連ね、観光客もちらほら。川遊びするはずの河原は、濁流に飲み込まれていた。「昨日、大雨が降って水が増えちゃったのよ。乾季には水が澄んで、中洲で遊べるのに、残念ね」と店の人。

　思い返せば、ヤンゴンのデルタに始まり、バガン、マンダレー、そしてミッチナーと北上した旅は、2092kmに及ぶエーヤワディ川をさかのぼる旅でもあった。ンマイ川とマリ川がゆったりと、だがズズと音とたてて渦を巻きながら合流するエーヤワディの始点に立つと、ミャンマーの偉大な歴史の出発点を見る思いがして、感慨深かった。

◆アクセス
鉄道：マンダレー──ミッチナー間を国鉄が毎日、私鉄が週4本運行。国鉄はupper27 FEC、ordinaryは9FEC。所要時間は約25時間の予定だがそれ以上かかることが常。私鉄はシート30FEC、寝台60FEC。
飛行機：マンダレーから月金にミャンマー航空が飛んでいて所要時間は50分、80FEC。月火はマンダレーからミッチナー、バモーBhamoという周遊ルートで飛び70FEC。

この地で戦死した日本兵3400人と多数のビルマ兵の弔いと、償いの思いを込め、日本人の寄付により建立された寝釈迦仏。激戦地だったミッチナーの町には日本軍の慰霊時計塔もある。

が、大戦中の戦没者の数18万人あまりと知れば、ミャンマー各地に散在する慰霊碑の多さもうなずける。心ならずも戦争で亡くなった人々の、その犠牲の上に築かれた暮らしの中で、生きて旅する幸運があることを、改めて考えさせられた。

翌日、バモーをぐるりと回った。小さな町だから1日あれば歩いて見られるだろう。エーヤワディの河港町として栄えたこの商都は、リド・ロードの要衝で、中国までは陸路で60km。隣国との交易は紀元前から盛んだったという。市場には、中国製品がかなりの幅を占め、市場入口付近には、中国人の経営する金(きん)の店が連なる。

案内してくれたシャン系中国人の女性は「今のバモーは中国人やカチン族も多いけど、昔はマンモーというシャン族の村だったのよ。シャン語でマン＝壺、モー＝村ね。壺を作っている村は今もあるわ」と話してくれ、「2000年前に栄えたシャン族の王城跡サンパナゴへ連れていってあげる」と、中国製のカブにまたがった。「よくわからないけど、そこには草履が生える木があるっていう話よ」

市内からおよそ4km。サンパナゴには、かつての王と王子の像があるほかは、パゴダと僧院があるだけで、目立った遺跡はなかった。何人かに聞いてやっと見つけたのは、民家の裏の竹やぶに覆われた大木。かつて王子らが刀を斬りつけた跡が筋になって幹に刻まれている。大木を支える泥の山は城壁の名残りだと、家主が教えてくれた。

幻の草履の木は、僧院に隣接する荒れ地にあった。僧侶が藪の中から板っきれを拾って見せてくれた。確かに草履の形に似ている。「王には2人の息子がいて、長男が王位を継ぎましたが、狡猾な弟に謀られ、長男は王座を捨ててサンパナゴを去ったのです。その時に王妃の金の草履が脱げてここに落ち、この木が生えました」。世界に1本しかない草履の木だという。本当だろうか。この国の不思議がまた1つ増えた。

◆アクセス
飛行機：月火にマンダレーからバモーにミャンマー航空が運行。1時間、50FEC。ヤンゴン——マンダレー——バモーは130FEC。バモー——ミッチナー、30FEC。
船：マンダレー——バモーをスピードボートが運行。通常は1泊2日の船旅だが、水量が低い時は2日半〜3日かかる。夜は停泊し、乗客は船上で夜を過ごす。料金は1等キャビンが54FEC。チケット購入時、外国人という理由で船室の選択はさせてもらえなかった。
バス：以前はミッチナー——バモー——マンダレーは陸路での通行は不可だったが、現在はミッチナー——バモー間は可能だ。ピックアップで8時間あまり、かなりのでこぼこ道を走る。随所で頻繁にパスポートチェックが行なわれた。4000K。

サンパナゴの王妃の草履から生えたという木の葉っぱ、というより木片。厚さもあって、堅くてなかなか折れない。3月ごろが最盛期で草履の葉っぱがゆさゆさと満開(?)になるという。

バモーの一角で出会ったシンピュ（得度式）の男の子。ミャンマーの男児は一生に1〜2度出家してこそ一人前とされ、最初のシンピュは7歳以降の少年期に行なわれることが多い。

町の北にある寺院で行われた説法。こうした場で僧侶の話に耳を傾け、仏陀の教えをまた改めて振り返るのだという。参列者には飴玉やラペトゥッ（111ページ参照）などがふるまわれる。

H1 Friendship Hotel 5 FEC〜　**R**1 Sein Sein中華　**R**2 Tayapu中華
＊比率は正確ではない

バモー　Bhamo／Kachin State

バモーの港。出航は朝の6時。バモー市内から港までは道が悪いので、馬車かバイクでしか行けない。船は1階がデッキ、2階が2人用キャビンが10部屋、操舵室は3階。

✿エーヤワディ川の船の旅

エーヤワディ川が縦断するほか、タンルウィンやチンドウィンという大河が流れるミャンマーでは、船旅もまた、庶民や旅行者にとって利用しやすく、魅力的な交通手段だ。この本で取り上げたエリアでも、マンダレー──バガン、マンダレー──バモー、パアン──モーラミャイン、モンユワ──カムティといったルートで船が重宝されている。

「マンダレー」という詩の中で、エーヤワディ川の蒸気船を描いたのはキップリング。もちろん、内陸水運は古来からインドやセイロンとの交流の手段だったわけだが、イギリスが徐々にビルマの支配を強めた1860年代ごろからは、イギリス製の蒸気船が登場し、ヤンゴン──マンダレーを結んで華々しい船旅が謳歌されたのだという。

普通の船旅では、そうまでゴージャスとはいかないが、車や列車移動のような激しい揺れもなく、船内をぶらぶらしたり、景勝地やのどかな河岸の村々を眺めたり、寄港地で弁当やつまみを買う楽しみがある。簡易食堂でお茶を飲んで、客室に誘い誘われするうちに知り合いもでき、

客室にはベッドが2つ、机、扇風機、洗面台（水は出なかった）があり、シャワー・トイレは船の2階に男女別に1つずつ。エーヤワディ川の水を使ったシャワーは冷たかった。

時間と空間があるからこその旅の魅力が味わえる。

問題は運行日が不定期で、時間がかかりすぎること。私が乗船したのは雨季が始まる寸前の5月末で、バモー——マンダレーは1泊2日（34時間）で済んだが、3泊〜1週間かかったという話も聞いた。また外国人の船室料金が54FECと、飛行機並みなのも痛いところだ。

だが、ほぼ定期的に運行されているマンダレー——バガン間などは、外国人観光客に好評（114ページのアクセス参照）。天候や季節によって運行状況が左右されるのはどのルートについても言えることなので、第2、第3の移動手段を考えておきたいものだ。

チケットは前日までに各地のInland Water Transport（IWT）などで購入。マンダレー——バガンはマンダレーのMTTや各ホテルでも買える。要手数料。デッキ利用の場合は船着場で当日購入することも可。

◆ツーリストサービス・インフォメーション ❹ 〜旅の相談E-メールでOK
Myanmar Nara-Apex Travels & Tours No.64(B)Room#B4-L, Shwegon Plaza, Bahan Yangon ☎95-1-540096、540097 E-mail:apex.mya@mptmail.net. mm

バモー———マンダレー間最大の景勝地、切り立った岩壁が間近にせまるドゥディヤミッチン（川幅が2番目に狭い場所という意。1番目はバモー———ミッチナー間にある）に差しかかる客船。

西部ミャンマー

帰途につく漁師。ガパリ・ビーチ

ガパリ・ビーチの南東の浜は、漁船が発着する漁業エリアになる。海の中に見える小島には、海上レストランPleasant View Isletがあって、浜から小舟で送迎してくれる。

ガパリ

■**ガパリ**　Ngapali／Rakhaine State（ラカイン州）

海面にウインドサーフィンのセイルが翻り、空にパラシュートが舞う海をビーチリゾートと呼ぶなら、ガパリは外れる。ここにはレジャー設備はない。だが紺青の空と海、ヤシの葉が風にそよぐ白砂のビーチが、まさに手つかずのまま広がっており、わずらわしい客引きもない。自由気ままに浜を歩き、荒い波に体を洗わせてみてはどうだろう。

　「この海は故郷の海を思い出させる」と言ったのは、昔ここに暮らしたナポリ出身のイタリア人で、ガパリという地名はナポリをもじったという説がある。アジアを旅する欧米人の郷愁を誘うのか、ガパリのホテルには欧米人の姿が目だつ。彼らはひたすらデッキチェアーに座って本を読んだり、カクテルを飲んだりして過ごす。リラックスするのを目的にリゾートに数日間滞在する欧米人の旅には向いているかもしれない。

　ガパリの南のはずれにあるロンタ村から、船でビーチの対岸にある島

小アジやワカサギのような小さな魚が多くとれ、引き上げてから浜辺に2日間干して売りに出す。ガパリの一本道に点在する土産屋で買える。素揚げするだけでおいしく食べられる。

に渡った。大人3人で往復3000K。1時間弱で着いたダビュージャイ島は、政府の氷工場以外は露店が少し並ぶばかりで、ほかはなにもない。時間が許すなら、船で遊覧を楽しむのもいい。およそ3kmに及ぶガパリの白い海岸線や、バラックが軒を列ねる漁村の風景が一望できる。

　漁村。これもガパリのもう1つの顔だ。夜、沖合いにポツポツと浮かぶ漁り火を見て、翌朝、ジュエタウンゴンという村に行ってみた。ちょうど沖から船が引き上げてくるさなか、魚の匂いが充満する浜には波の音に混じって男たちの威勢のいいかけ声が響いていた。「目がきついのがラカイン人の特徴」と聞いたが、魚の籠を担いで海から上がってくる漁師たちの顔だちは彫りが深く、目が鋭くてなかなか凛々しい。

　ガパリのあるラカイン州はラカイン山脈によってミャンマー中部と隔てられ、北西端はバングラデシュに接している。こうした地形を見ると、1000m以上の山々を越えて内陸と行き来するより、陸路海路で隣国との交流が深まったとしても不思議ではない。10km北のタンドウェThandweにはイスラム寺院が多いのも、そうした影響なのだろう。

ガパリ　Ngapali/Rakhaine State

朝、沖合いから次々に漁船が浜に戻って来る。昨夜とれた魚を籠に入れて、陸揚げする漁師たち。陸上での運搬にはもっぱら牛が使われるので、朝の浜には牛車がたむろしている。

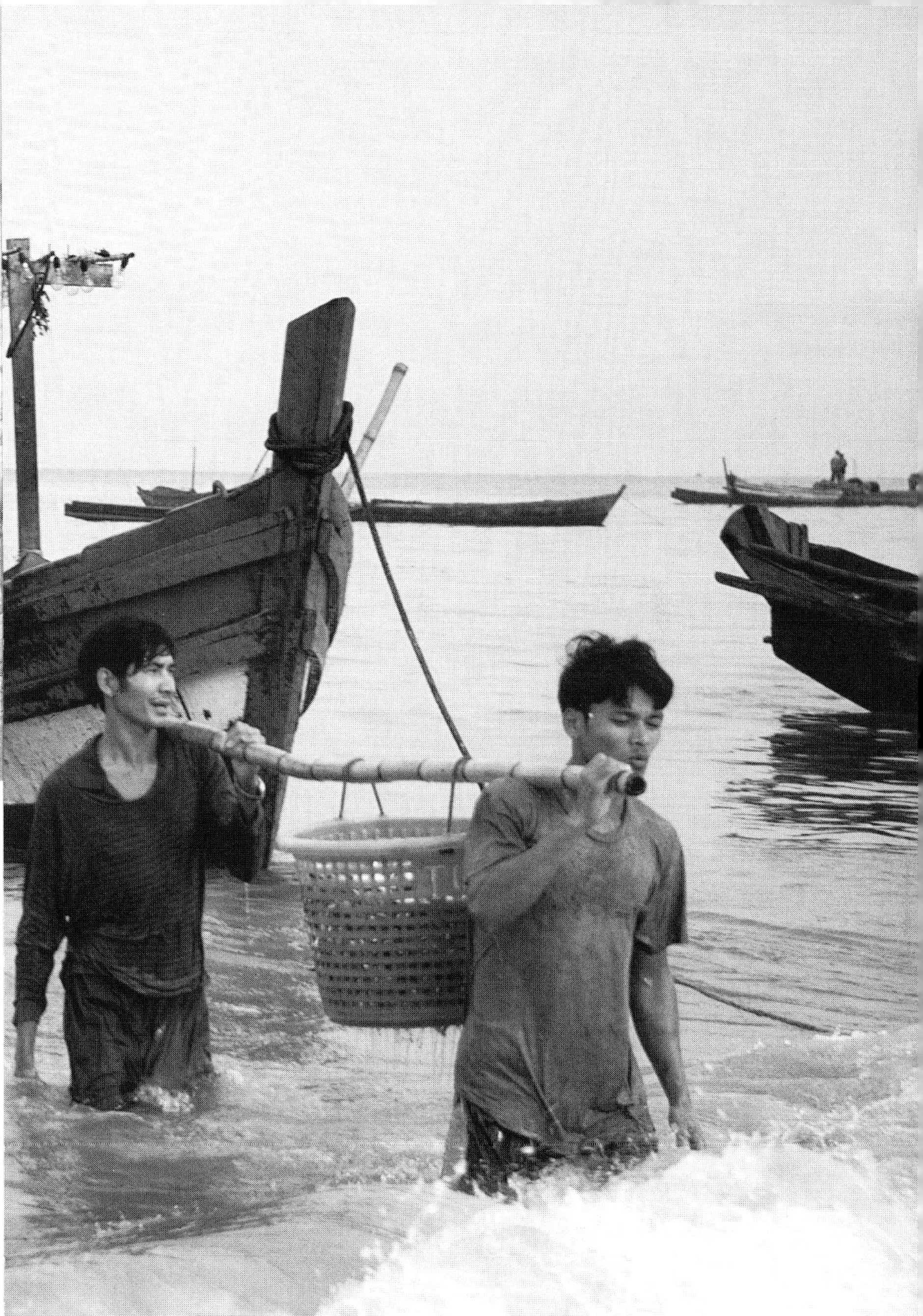

●列車のタイムテーブル

ヤンゴン——マンダレー

駅名 \ 列車番号		1	3	5	7	11	15	17
ヤンゴン	発	1130	1930	1700	2100	0600	1830	1515
バゴー	着	1328	2120	1850	2250	0750	2020	1705
	発	1343	2123	1853	2253	0735	2020	1705
タウングー	着	1941	0158	2311	0325	1219	0138	2130
	発	1956	0208	2321	0335	1229	0148	2145
ピンマナ	着	2235	0408	0121	0535	1435	0248	2340
	発	2245	0413	0126	0540	1440	0248	2345
タ—ズィ	着	0347	0717	0414	0839	1752	0536	0235
	発	0352	0722	0419	0844	1804	0541	0240
マンダレー	着	0835	1035	0700	1135	2100	0820	0520

マンダレー——ヤンゴン

駅名 \ 列車番号		2	4	6	8	12	16	18
マンダレー	発	0715	1830	1515	2030	0600	1730	1615
タ—ズィ	着	1150	2143	1801	2325	0928	2016	1850
	発	1156	2148	1806	2340	0933	2021	1855
ピンマナ	着	1614	0119	2058	0353	1242	2313	2154
	発	1619	0124	2104	0358	1247	2313	2159
タウングー	着	1913	0326	2304	0604	1453	0113	2355
	発	1943	0336	2314	0614	1503	0123	0110
バゴー	着	0211	0752	0316	1027	1912	0525	0420
	発	0241	0755	0319	1030	1922	0525	0420
ヤンゴン	着	0450	1000	0520	1230	2130	0730	0620

ヤンゴン——ニャウンウー(バガン)

駅名 \ 列車番号		バゴー経由 25	アウンラン経由 61
ヤンゴン	発	0950	2215
ニャウンウー	着	0505	1815

駅名 \ 列車番号		26	62
ニャウンウー	発	0830	2115
ヤンゴン	着	0330	1750

ヤンゴン——モッタマ(モーラミャイン)

駅名 \ 列車番号		81	89
ヤンゴン	発	0700	2000
バゴー	着	0849	2149
	発	0854	2154
チャイトー	着	1210	0111
	発	1215	0116
タトン	着	1448	0333
	発	1453	0338
モッタマ	着	1655	0535

駅名 \ 列車番号		82	90
モッタマ	発	1900	0700
タトン	着	2105	0909
	発	2110	0914
チャイトー	着	2329	1143
	発	2334	1148
バゴー	着	0247	1445
	発	0252	1450
ヤンゴン	着	0500	1640

＊これは、ミャンマーの鉄道省発行の時刻表を元にしたタイムテーブルですが、列車の発着時間は、予告なく変更になることがあります。到着の遅れはよくあることですが、ヤンゴンなど始発駅からの出発時刻が早まることさえあるので、必ず現地の駅で確認して下さい。(2002年9月現在)

伊藤京子（いとう　きょうこ）

米国ジョージア州の短大を卒業後、画廊の企画広報、編集プロダクションを経て
フリーランス・ライター＆フォトグラファーに。
旅や育児に関しての記事を多く手がける。
ミャンマーに1年半滞在し、各地の取材のかたわらビルマ舞踏を学ぶ。
2児の母。一般旅行業務取扱主任者。
Eメール：kyokozaw@hotmail.com

ミャンマー　東西南北・辺境の旅

初版印刷　2002年11月13日
第1刷発行　2002年11月28日

定価1500円＋税

著者　伊藤京子Ⓒ
装丁　菊地信義
発行者　桑原晨

発行　株式会社めこん
〒113-0033　東京都文京区本郷3-7-1　電話03-3815-1688　FAX03-3815-1810
ホームページ　http://www.mekong-publishing.com

印刷・製本　太平印刷社

ISBN4-8396-0155-0 C0030 ¥1500E
0030-0204153-8347

雲南最深部の旅

鎌澤久也

定価1500円+税

中国四川省成都から雲南省最深部を通りミャンマーに抜けるルートの完全ガイドです。このルートは「西南シルクロード」として有名な交易の道であると同時に、イ族、ペー族、ナシ族、タイ族など少数民族の坩堝でもあります。著者は中国の少数民族に最も詳しいカメラマン。雲南最深部の魅力を存分にお楽しみください。人気の黄龍、九寨溝も。

雲南・北ラオスの旅

樋口英夫

定価1500円+税

雲南省昆明から国境を越えて北ラオスのルアンパバーンに至るルートの完全ガイドです。このルートは、少数民族の珍しい風習、メコンの川下り、山岳トレッキングと、ちょっとハードですが野趣あふれた旅が満喫できます。日本ではまだあまりポピュラーではありませんが、欧米人には人気のルート。「くろうとの旅」第1弾。

東南アジアの遺跡を歩く

高杉等

定価2000円+税

「全東南アジア」の遺跡の完全ガイド。カンボジア、タイ、ラオス、ビルマ、インドネシアの遺跡220ヵ所をすべて網羅しました。有名遺跡はもちろん、あまり知られていないカオ・プラウィハーン、ベン・メリア、ワット・プーなどもすべて紹介。すべて写真つき。アクセスのしかた、地図、遺跡配置図、宿泊、注意点など情報満載。

ひとり歩きのバンコク

仲間美紀・佐倉弥生

定価1500円+税

人気のバンコクを特に女性ひとりで歩くのに「本当に役に立つ」ガイドを徹底研究しました。まず、「食べ歩き」「ショッピング」「ナイトライフ」「エンターテイメント」「学習」など目的別の編集。著者はバンコク在住の女性ライター。紹介するお店はすべて実際に調査して採点。地図完備。余計なものを一切省いてコンパクトに。という自信作です。

海が見えるアジア

門田修

定価3500円+税

国単位ではなく、海からアジアを見てみたい。セレベス海、ジャワ海、南シナ海、インド洋…。スラウェシから始まって、タニンバル、ケイ、ハルク、マドゥラ、フローレス、サラワク、パラワン、ココン、メコンデルタ、ニアス、シベルート。いまどきめずらしい雄大、骨太な男の旅の本です。

緑色の野帖
―― 東南アジアの歴史を歩く

桜井由躬雄

定価2800円+税

歴史家とは本来、旅のガイドみたいなものではないだろうか。風景の積み重なりが歴史を読み解く鍵になる…。スタートはベトナムのドンソン文化。そして、インド化、港市国家、イスラムの到来、商業の時代、高度成長を経て、最後はドイ・モイ。東南アジアを歩きながら3000年の歴史を学んでしまうという仕掛けです。